彩券煉金術

利用隨形理論提高彩券中獎機率，由貧到貴，改變人生！

【樂透達人】邢紀藩　著

目 錄

利用隨形理論提高彩券中獎機率，
由貧到貴，改變人生！

4

前言

　　二十八歲那年，生逢得時，有幸遇到台灣股市大多頭；年輕瘋狂、膽子夠大，用 30 萬賺到近億新台幣。也因為膽子太大，市場沒什麼波動，心浮氣躁、規畫不足，把贏的吐還給市場，多賠上十年青春歲月。

　　多頭股票市場要敢賺，恭逢其盛，巧遇大多頭，享受乘風破浪，狠賺十倍、百倍，有一個億萬人生並不是夢。

　　三十歲的人生，憑藉苦學三個月的半調子廚藝，身無分文、爛田準路，用五百個英文單字，一口破英語闖蕩五大洲、七大洋，百餘個國家。

　　敗掉一個億，很簡單，再存一百萬，好難！

　　航海四年換得人生經驗，滿足了行萬里路，別人所不能的自尊心補償。

　　可以平靜如鏡，也可以駭濤巨浪的大海，讓我真實體驗海洋版的波浪理論。能量、動量、功、角度、線型，在波浪中放空，相信破底只

為了穿頭。

每日一部《金剛般若波羅蜜經》，智慧原本就在，只是被貪、嗔、癡給蒙蔽。

三十五歲下船回到陸地的創業奮鬥，相信天道酬勤，努力經商必定發達。怎知人心不古、人心險惡，活生生的每天在眼前上演，又是一門人生學習的功課。

天命之謂性，率性之謂道，修道之謂教，隨形理論印證一切。

壞心眼的人遇上壞心人。

悲憤的人遇到不如意的人。

孝順的人就是會有貴人。

誠實無欺的人被詐騙，那是因果。

害人沒有報應，是時候未到。

其實人生就是一場進行中的夢，自己的所為所行都在隨時改變自己的人生軌跡。

得悟是究竟。

不得悟，離開這一場夢，又到下一個夢——這叫「輪迴」。

　　吾人四十有八，悟出「隨形理論」；樂透明牌、運彩必勝技、錢財入袋術，原來都是隨形運轉。

　　眾人皆知「近朱者赤、近墨者黑」，這就是隨形理論的後天命論；這是知其一，不知其二。先天混元，後天胎元，先天無形，後天有形；先天為性，後天為命，性命兩全，得成人道，故稱「性命」。

　　我悟得的道理就是「後天隨形，先天亦然」。隨形理論就是人生脫貧富貴大法。

　　知道、著述、分享。

　　我是邢紀藩。

時也 運也 命也

　　人生酸甜苦辣，有喜有樂有悲，勤勞的人生不一定豐腴。聰明的人，令人羨慕，但生命的結果卻不一定和聰明才智畫上等號。

　　我是五年四班（54 年次），在讀高中時，聽長輩說：「厲害的業務接單高手，老闆怕怕，工廠倒閉。」

　　人生走了快要五十年，才真正了解長輩講話的含意。

　　解釋一下，為什麼最會接單的業務高手會讓工廠倒閉？

　　我的長輩經營的是「磚窯工廠」，在民國 48 年，彰化縣花壇鄉有幾間磚窯工廠的老闆，他酒量好、公關強，磚頭還沒做出來就賣掉，訂單滿滿滿，年初訂單接到年尾，羨煞其他憨慢做生意的工廠老闆。

　　當年 8 月 7 日，台灣遭受著名的八七水災襲

擊——製作磚頭的原物料：黏土、煤碳大漲，
磚塊的成本硬生生漲了好幾倍。水災前接了大
量訂單的磚窯工廠全部賠光家產，倒閉收場。

　　長輩的意思是要年輕人腳踏實地，台灣話講
「硬步」，就是說：「有多少本錢做多少事，
不要想以小搏大，小心偷雞不著蝕把米。」

　　我曾服務過李長榮化工的船隊，民國85年
週刊採訪「少年董」李謀偉，讚譽他一門儉學，
決策快速精準；人在走運的時候，放個屁都是
香的。

　　含著金湯匙出世的李謀偉念美國名校（麻省
理工學院、史丹佛大學），高中時就榮獲美國
總統獎被美國總統召見。

　　這麼一位富貴又聰明的李謀偉說出了：「會
讀書比不會讀書好，會做人比會讀書重要，運
氣好比會做人有機會出頭天，命好又比運氣
好，好上加好。」

　　當103年8月1日，高雄發生氣爆後，週刊

　　形容李謀偉：「爭勝好強，危機處理連環錯。」其實，李謀偉還是勤儉克己的李謀偉，只是當倒楣運找上他的時候，做什麼錯什麼。

　　這一切都是命運的安排。

四坑（洞） 加一坑（洞）

人生有四個坑，你中坑了嗎？

（一）出生對坑：出生在有錢人家，富貴一生。

（二）娶到好坑：娶（嫁）到有錢人家的公主（少爺）當駙馬（少奶奶）而從此大富大貴。

（三）踏到好坑：賺到時機財，成為大企業老闆。

（四）埋到好坑：一世平凡，只能指望埋個好風水，庇蔭子孫能出頭。

寶島台灣，多了一坑，「中彩券頭獎」。彩券煉金術就成了全民修行的人生脫貧富貴大法。

誰才能夠中彩券頭獎呢？當我站在熙來攘往的朝聖拜財神爺人潮，不斷思索這個問題。

　　尤其是頭彩獎金超過十億元時，人潮擁擠得水洩不通，花個幾百元買個成為十億富翁的夢想，彩券成了平凡小民廉價的安慰劑。

　　誰才有這個頭獎命呢？我如果是財神爺會把頭獎派給誰？財神爺會怎麼想？

　　中過頭獎嗎？大多數人肯定還在候補名單中。

命裡該有終須有
命裡沒有也可以有
《了凡四訓》

民國 102 年台中市警方破獲詐騙集團在對照
資金帳冊時，赫然發現詐騙主嫌不久前中了
539 頭獎。

好多媒體都說：「天道寧論，壞人怎麼有好
報呢？」

我認知的佛教說法是，其實這個犯罪人即使
不去從事詐騙，本身命裏就會有這麼多財富，
用別的正當途徑一樣可以得到這些財富，然而
這個騙徒卻用詐騙手法去取得今生本該會有的
財富，這輩子帶業障，以後會還人家，有報應。

命裡沒有時也可以有，從《了凡四訓》中知
道，只要行善積德、鋪路造橋，是可以改變命
運。好命人做壞事，就會和惡業結緣，變成窮

途末路。當然，做好事一定也可以改變命運，開花結果。

可惜，生長在佛法宏開的台灣土地上，很多人總以能力不足當理由而少布施。在財神爺廟前，最常聽到的發願就是：「信徒某某，如幸運中樂透頭獎，一定多捐錢做善事。」我是財神爺的話，我會把樂透頭獎給還沒中獎就做很多善事的人；不會給中大獎才要開始做善事的人。

這是重點啊！

看這本書的有緣人，趕快行善，必有所報。

改造命運 心想事成

釋淨空

歡給——勇於改造命運的人

「命中注定」，大家耳熟能詳。但是——真有一個操縱命運的主宰嗎？答案是肯定的——那就是「自己」！人是命運的主人翁，卻常為命運所戲弄！勇於創造命運的人！

屆時

求富貴　得富貴
求升遷　得升遷
求健康　得健康
求子女　得子女
有求必應　心想事成

不是您命運的奴隸，而是命運的主人，真正掌握、操縱命運的勇者。

財施、法施、無畏施，
越佈施、越有錢、越有福

　　幾年前豐原一家彩券行老闆可憐一個流浪
漢，施捨一百元，這個流浪漢馬上拿著一百元
跟彩券行老闆買 539 兩張。

　　彩券行老闆為之氣結，不爽的告訴流浪漢，
一百元是給他吃飯的。

　　流浪漢皮皮的，就是要買彩券。

　　那天彩券行放鞭炮了，開出了創店以來的第
一個頭獎。

　　莞爾的是，就是他中的。

　　沒錯，那個流浪漢當天中了今彩 539 的頭獎
八百萬，從此改變了一生。彩券行老闆也幸運
的用自己佈施的一百元，為自己的彩券行開了
個頭獎。流浪漢是羅漢現化世人，布施者有福。

　　我曾經中過大樂透三獎（六中五；大約十萬

元獎金）兩次，總覺得怎麼會這樣，只差一個號碼就可以成為億萬富豪俱樂部的一員。

兩次都捐十萬元給「基督教家扶中心」幫沒錢讀書的小孩可以安心唸書。至今尚未中億萬大獎，心中早已感應，越布施、越有錢、越有福。每遇困難總有貴人相救，每遇災禍必有羅漢護法。

有一次我看到我店裡（功夫養生館）的二號楊○吉師傅（因為按摩師傅太多，都是用號碼代替名字稱呼）正在買大樂透。

看著二號師傅，閃過一個念頭；覺得這個人旁邊有很多金銀財寶，他卻像個無魂有體的稻草人，日以繼夜的工作，生活就是無奈。

這個二號師傅整天病懨懨的，除了上工就是睡覺，永遠睡不飽。

我把他買大樂透的那六個號碼買了 539 六連碰一張，花了三百元。結果，六個號碼，大樂透摃龜，半個都沒開；五三九開了四個，我中

了四萬多元。

　　該高興的，我卻懊惱，只缺一個號碼就可以中頭獎八百萬。

　　獨缺的那一個號碼是 2 號；二號師傅的「2號」。

　　中了四萬元，我沒有興奮，反覺得若是二號師傅可以中大獎該有多好。

　　幫二號師傅找一個中醫師把脈、針灸、治病，讓他健康平安。

捐款 10 萬元 兩次

彩券投注站捐款 助家扶孩子上學

502 Bad Gateway

【大紀元8月27日報導】（中央社記者翁翠萍台北二十七日電）家扶基金會今天指出，台北市通化街知名度頗高的金財神投注站，因為開出多次頭彩，深受彩券迷喜愛；在暑假即將結束前，投注站負責人邢紀蕃，徵得全體員工同意，將投注站的盈餘新台幣十萬元捐做家扶清寒助學金，幫助十名孩子繼續向學。

家扶基金會表示，金財神投注站負責人邢紀蕃也經營功夫足體養生館，最近恰逢農曆七月半的中元普渡，邢紀蕃覺得花錢在普渡上面，不如花在弱勢孩子身上，而向店裡供奉的財神請

示，答案與邢紀蕃的想法不謀而合，因此在財神指示下聯絡家扶基金會，安排十位高中生接

阿婆、阿清；
539 五中五
頭獎八百萬飛了

在通化街供奉金財神的功夫足體養生館有兩個住宿舍的師傅；一個是如來神佛乩身阿婆（十二號師傅），另一個是信仰基督教的阿清（十五號師傅）。

102 年 11 月的一天早上，阿清幫阿婆拿著一張 539 彩券到投注站對獎，五個號碼一模一樣，阿清興奮的叫：「中頭獎了！阿婆你快來。」

兩個人高興得跳啊跳。

高興不到幾分鐘，阿清問阿婆：「開出頭獎，為什麼老闆昨天沒有放鞭炮，記者沒有來。奇怪！」

把彩券交給投注站櫃檯過一下電腦，出現「本期尚未開獎」。

一看到開獎日，果然是當天晚上才開獎的彩券。購買時間是昨天晚上八點七分，

　　也就是說；早個七分鐘買，這張539的彩券就是價值800萬的頭獎彩券了。

　　他們都是我的員工，當我知道這件事，覺得太可惜了，叫她們來問問。

　　原來阿婆家中有五口香爐，每個爐代表一尊神明，其中一個神明（如來神佛）會上阿婆的身幫信眾辦事。

　　通化街金財神寶殿二十四小時香火不間斷，煙貢無名，每週二次法會請法師誦十小

15 號師傅 阿清。

咒、《地藏王菩薩本願經》、《佛說父母恩重難報經》，虛空界眾生聚集聞法，有開天眼的師兄師姊可以看到熱鬧非凡，有乩命的人受託溝通辦事並不足奇。

前一天，12 號師傅阿婆下午六點有客人預約，按摩兩個小時。

按到一半時，有虛空界朋友告訴她五個號碼，要她快去買彩券，她一直推託：「好啦！等一下！」總不能為了買彩券，把客人丟下，晾在一旁。

這情形經常發生，多是中獎 50 元（五中二）或 300 元（五中三），阿婆只當是生活的點綴。

做完客人送客人出來大廳，遞熱茶換鞋子，客人出店門口後，才把那些號碼畫一畫，花 50 元買一張 539，時間是八點七分。

當天的 539 在八點零分已經封牌停賣，會在八點三十分開始搖出獎號，下一期隔天的 539 在八點五分才可以賣出。

12 號師傅 阿婆。

　　這停賣的五分鐘，就是要區隔期別，以免客人買到下期彩券，誤以為是當日開獎彩券。阿婆要買當天的是539，也以為是買到當天開獎的539彩券。

　　事情就是這麼巧！

　　每天晚上七點到十二點是通化街夜市腳底按摩養生館的黃金客滿時間，阿婆做完客人，差不多八點，為了送客又磨蹭幾分鐘，購買彩券時間已經過了八點封牌時間，她並不知道。

　　買完彩券，又要趕緊幫下一個客人按摩頭、頸、肩，找位子倒茶；一忙就到十一、二點了。

　　阿婆也就忘了這 50 元的小事。

　　第二天，十二號師傅阿婆在睡夢間想起彩券還沒對獎，要老鄉十五號師傅阿清幫她拿到投注站對對看，有沒有中獎。

　　這過程阿清說一句，阿婆插兩句，我聽得一愣一愣的，不知道該說什麼。

　　真的很想貼一張公告：「自今日起，師傅上工按摩客人時，如果有靈感，千萬不要拖時間，一定要去買彩券！」

　　800 萬就這樣飛了，扣完稅金可以領 640 萬，十二號師傅阿婆按腳要按二萬六千雙腳才有啊！按給她死啊！二萬六千雙腳，是五萬多隻腳。

蘇珊

通化街金財神寶殿，每星期兩天法會，請法師誦十小咒、地藏王菩薩本願經、父母恩重難報經，功德迴向給武財神趙公明和地基主及財神爺轄下無主孤魂。

寶殿內香火二十四小時從不間斷，有二次香油錢箱在大半夜被整個抱走。

養生館二十四小時營業，大夜班櫃檯工作內容也包括維持財神爺香火不斷，早晚敬茶和早晚煙貢無名。在深夜有些喝醉的客人，應對進退拿捏要很有分寸。

所以，大夜班的櫃檯很重要，也很難找，她就是蘇珊。

她是十一號師傅的好朋友，說要來上班，提了十幾次總不見人影，久了就當隨緣，聽聽就好。

多年後，蘇珊真的出現上班。得人才，多人多福氣，很是高興的熱烈歡迎。

有人說:「蘇珊,有天眼。」其實她是有眼疾,看東西會疊影,已經開刀完,狀況已經改善很多。

有人說:「蘇珊身體不好,很不願意做大夜班。」

蘇珊自己說,她以前晚上不能睡覺,會被壓。一個人晚上不敢獨處,看過精神科醫生,也到大廟佛寺參加法會都無效,時間長達八年之久,簡直就要崩潰。

一位師父看到她,很明瞭告訴她這是業障病,要她抄寫《慈悲三昧水懺法》和《大悲咒》。在絕望之際,沒有其他雜念就照做了。

抄寫完經書要將手抄本折成蓮花狀,放在觀世音菩薩坐前給觀世音菩薩檢查,第二天才能化掉,把功德迴向給自己的冤親債主。

整整兩年,她每天除了吃飯睡覺外,就是抄寫經書。

我很難想像有人可以不工作賺錢,只抄寫經

書過日子的。

　　蘇珊說抄了兩年的經書，她好了。可以外出工作，晚上不再被壓，也不怕一人獨處。現在每天還繼續抄寫佛經迴向，並且久病成良醫，對於一樣有業障病的人和作姦犯科改過向善的人，要他們抄寫經書迴向給冤親債主來化解怨氣。

　　我在跑船四年生活中，天天誦讀《金剛經》，現在沒有那麼勤勞，偶爾誦讀《地藏王菩薩本願經》並迴向。

　　當我知道蘇珊抄寫佛經，簡直嚇一跳。

　　哇！太辛苦了吧！要有多大的願力才能如此持之以恆。

　　蘇珊到了通化街後，有感應的向財神爺立願要服侍財神爺三年，開始時身體不適，眼疾又犯，考驗很多。

　　同事告訴我，蘇珊「一直中，一直中，中樂透」，引起我的好奇，才有上述我對她的了解。

　　有一次深夜沒客人，蘇珊睡眼惺忪坐在按摩區的椅子上小憩，她口中一直唸「別吵」；虛空界的朋友就是要吵她，她說不然跟我「報牌」。

　　奇蹟似的，椅子前面的電視機沒有開機，螢幕竟然跑出 05 這個數字。蘇珊說：「一個字沒用，要二個。」電視機螢幕又跑出一個 20 的數字。

　　這期蘇珊和同事合買 539 的二合，中了數十萬。

　　這當然不是唯一的一次。

　　眼、耳、鼻、舌、身、意，是六識，有六大神通的人很多，一般廟宇內的乩童都略有神通。很多修行者有大神通，不會談論和顯示神通，這在修行的路，只是雕蟲小技，不是究竟。

　　我也無意在此刻意渲染鬼神、神通之說。我多次見證財神爺發威，我是陳述；我見我聞。

　　二十年來，我自己誦經迴向給自己累世累劫

的三重恩和冤親債主，又請法師誦經迴向給財神爺和轄下無主孤魂後，自身的力量變得無窮大，身邊的貴人和護法絡繹不絕出現，這就是物以類聚，大自然的力量和法則，也就是隨形理論。

通化街金財神寶殿，每星期二次的法會。

香油錢被偷二次
顯神蹟

　　財神爺的錢，也有人敢偷，還偷了兩次。

（一） 101 年 1 月 4 日，凌晨一點。
　　二名男子騎著機車來到財神廟前，坐後座男子跳下機車，踏進財神廟，抱著香油錢箱，反身拔腿就跑。

　　又要坐上機車時，因為香油錢箱太大，第一時間坐不上機車。騎車男子見狀，丟下後座同夥，緊催油門，一路揚長而去，抱著錢箱的男子，在後面苦苦追趕。財神廟旁的養生館師傅發現有人偷香油

錢，高喊：「抓小偷！」並奮力跑步追逐小偷。
抱錢箱男子很快累倒投降被逮，抱怨錢箱太
重，累死了。

　　騎車逃逸的那名小偷，也在不遠路口，遭巡
邏警網以現行犯逮捕。

　　好笑的是，該兩名小偷到了大安分局安和派
出所，毫不在意自己犯行，只想知道未偷到手
的錢箱內，到底有多少錢；因為，錢箱內零錢
數量龐大，計算不易，該二名偷兒，要加入數
錢行列，遭員警制止後才作罷。計算後，錢箱
內金額是 25000 多元。

　　感謝大安分局的警網奏效，分文未失。

（二）103 年 4 月 1 日，晚上九點。

通化夜市逛街人潮最多時刻，一名戴口罩男子，走進財神廟，抱起香油錢箱後反身，頭也不回的走了。

這時間也正是腳底按摩養生館的每日客滿時間，所有按摩師傅都在上工。養生館櫃台發現口罩男偷香油錢，叫喊並追逐出去，沒有體壯男師傅幫忙，只能眼睜睜看著小偷消失在黑暗

巷內。

　　次日，我到店內調錄影紀錄畫面出來要抓小偷，看到影像清晰，但竊嫌戴著大號口罩，標準的計畫性犯案。不同一般小偷，選擇夜黑人靜作案，這廝膽大妄到挑一個車水馬龍的時段行竊，這簡直是明搶，還挑一個 4 月 1 日愚人節來光顧財神爺。這全套偷兒的行頭，四月天還穿著長袖衣服，根本看不出是哪路貨色，連哪一個種族和膚色都瞧不出。

　　這種狀況到派出所報案，根本不可能破案。報案三聯單一寫，簡直是找派出所主管麻煩，

讓他績效變差。所以，我也省事當好人，不報案。

連三天，財神爺夢裏找來，要我把他的香油錢箱尋回。要我如何千里尋它千百度，還是趕快訂做一個新的比較快。

開天窗了！

4月14日（農曆三月十五日）財神爺聖誕千秋，財神廟讓信眾補財庫，香油錢箱子還沒做好，糗大了。

當天來誦經的法師說：「八路財神已經派出神探，要把小偷追拿到案。」

　　我是聽聽就好，告訴法師：「從錄影帶看，那個小偷烏漆抹黑，可能是個外勞。他肯定合約期滿，趁回國前幹一票，現在早就不在台灣了。」心想；台灣人，沒人敢幹這檔事，一定是外勞。

　　4月18日，櫃檯打電話給我，要我去安和路派出所做筆錄，說小偷抓到了；我心裡納悶，店裡什麼時候又被偷了什麼了，我怎地沒有什麼印象？

　　我到派出所報到，員警先請我到會客室問

話，問我是不是香油錢被偷。我說：「你怎麼知道，我又沒報案。」他告訴我，竊嫌在偵查室，要我指認。隨後跟員警上了二樓。

原來是真的，我一眼認出黃色的香油錢箱子，竊嫌也坦承作案。

這中華民國警察辦案效率也太高了吧！台北市大安區果然是首善之區，連沒有報案的失竊案，都能破。

離開警局後，我馬上打電話給法師，告訴他小偷被抓到，香油錢箱找到了，是大安分局破的案。這些專案和偵查員，大概就是財神爺的神探吧！

（這個案子是一案多破，槓上開花。在竊嫌住處找到香油錢箱，小偷無從抵賴，承認偷竊香油錢。才會沒有報案，卻破案。）

財神廟被砸
業績破千萬
成長 100 倍

　　101 年 4 月 9 日，信徒黃○○藉口彩券槓龜，
發瘋式的怒砸財神廟。

　　百斤純銅大香爐用地錨固定在地上，竟被黃
○○踹倒，又可以被他扛起丟向財神爺。大鬧
七十五分鐘後，通化街金財神左手持如意（八
節鞭）的左手臂斷裂。用十餘兩的純白金、純
黃金修復後，花費百萬元。

　　怪事年年有，八路財神掌管人間財富，神廟被砸、神像被毀，當月原本業績冷冷清清的運動彩券，暴衝 100

倍，成長到 1300 萬，佣金收入 100 萬，剛好全用在修復財神爺神像上，不多不少。

自己沒遇上，真的很難相信，會有這等巧合的事。

自由新聞　影音娛樂　3C科技　讀者園地　旅遊玩樂　好康報報　TAIPEI TIMES　Blog

首頁 > 社會新聞

2012-6-13　字型：＋ － | 看推薦 發言 列印 轉寄 | 分享：

頭版新聞
證券表格
焦點新聞
政治新聞
社會新聞
生活新聞
國際新聞
自由言論
財經新聞
體育新聞
運動彩券
健康醫療
地方新聞
影視名人
流行消費
藝術文化
生活副刊
圖文萬象
3C科技
影音娛樂
電影預告

〈損龜砸財神爺〉投注站損百萬業績破千萬

Ads by Google
中華電信視訊服務-行動會議室　vcs.hinet.net
提供記者會,座談會,線上學習等企業視 訊租賃服務提升企業效率,租越久省越多

〔記者張舒婷／台北報導〕彩迷黃騰龍不滿彩券「損龜」，跑到台北市「金財神彩券行」砸毀香爐、財神爺神像，投注站損失超過百萬。未料財神爺被砸後，運動彩券業績反而愈來愈好，5月甚至一舉突破千萬。老闆邢紀藩笑稱說：「財神爺知道我需要錢修補金身、香爐，幫我將錢準備好！」

彩迷黃騰龍不滿彩券「損龜」，跑到台北市「金財神彩券行」砸毀香爐、財神爺神像。（記者張舒婷翻攝）

金財神投注站位於北市通化街巷內，供奉「開基祖師爺」。邢紀藩說，祖師爺原在花蓮吉安鄉金財神彩券行，曾開出8次大樂透頭獎。2006年期間，他5度造訪花蓮，請回祖師爺。

法會因由
彩券之神 顯神通

　　向黃○○要求損害賠償，黃○○神智清晰的
向我說明，那是他個人和財神爺的私人恩怨，
與我何干，他們二個自己會算帳，教我不要介
入他和財神爺的恩怨。

　　我真懷疑他有沒有「阿達！阿達！」？竟然
有人把神明當成人，或者把自己神格化，跟神
明叫板。

　　這位怒砸財神廟的黃○○，他和財神爺的帳
要財神爺找他算，不跟我算。

　　我在台北地院刑事法庭堅持求償 150 萬元，
黃○○只肯賠六萬。

　　不肯和解的情形下，刑庭判黃○○三個月有
期徒刑得併科罰金，繳了九萬元給政府，我這
個受害者一毛拿不到（這個制度真的很奇怪，
我受害卻是政府拿錢。）。

　黃○○找我跟我談：「啊！你這樣爽了，你跟我和解，十萬給你。我把要和解的錢給賊仔政府，沒有錢賠你了，這樣你卡爽，你在想什麼？頭殼壞掉。」

　他講的也是有道理，這個敢砸財神廟的黃○○，看來講話還條理分明的，我一直以為他頭殼壞掉，他反而說我頭殼壞掉。

　就算他賠我 1000 萬，我也不會滿意。

　案件轉入民事法庭，我仍堅持 150 萬民事求償，我知道我是在告爽的；人爭一口氣，神爭一炷香。

　民庭法官要來仲裁神明官司，也是為難。開庭六次，問一樣的話，要我們雙方和解，毫無進度可言，根本是勞民、勞官又傷財，中途又換法官審理，又要重來，搞得我是毫無樂趣；這根本拿不到的錢，卻二個月就要法院報到一次，我還真的頭殼壞掉。

　這位黃○○也是一絕，每次開庭都到，他也

賠不起，乾脆不用來開庭得了，還每次舟車勞
頓，從台中或中壢趕來。法官淨當和事佬，這
齣戲不知唱到何年何月。

修復前（遭毀損的財神爺神像）。

　通化街的房東、老菩薩，要我誦地藏經迴向「黃〇〇」。

　蝦米！廟被砸了、神尊被欺侮，還要誦經迴向給他，哪有這麼好坑的事。

　連續兩個月，一入夢，都見到財神爺騎著老虎馳騁疆場，誅仙殺人好不威風。

修復後（用純黃金、白金修復後的財神爺）

　　有一天，我突然悟到「一將功成萬骨枯」。

　　八路財神趙公明得道前殺業太重，因果循環，不是不報，時候未到。這位膽敢砸廟毀神像的黃○○，可能真是前世因果，找財神爺報仇來的。

　　每個人到財神廟拜拜、祈福、求財，每個人都來求財神爺賜予。信徒還願給財神爺金牌、鮮花、水果、供品、香油錢，這些是財神爺要的嗎？

　　我如果是財神爺，會把樂透頭獎給誰？人需要神助！

　　我如果是財神爺，我需要信徒幫我做什麼？神也需要人！

　　從那時候起，每一星期的星期一、四，我請二位法師誦《十小咒》、《地藏菩薩本願經》、《父母恩重難報經》，並迴向給財神爺和地支主，累世累劫的冤親債主。

　　當然也遵照房東老菩薩的教誨，寫下黃○○

資料，請法師一併迴向。

　一年五十二週，就有 104 次法會。

頭彩5連莊 財神爺移駕台北

2007/01/06 23:44:42瀏覽261 | 回應0 | 推薦4

民視新聞網　更新日期:"2007/01/06 23:09"

花蓮吉安鄉的金財神彩券行，過去五度開出頭彩，彩迷認為是坐鎮店中的財神爺顯靈。而這次金財神沒有抽中經營圈，有一位台北的彩券商，就三顧茅廬，到花蓮將財神爺神像，請回台北，並在今天早上安座，希望帶給民眾好運。這尊武財神趙光明，過去被供奉在花蓮開過五次頭獎的金財神彩券行內。民眾說，都是因為財神爺有保佑，所以才能屢次中大獎。只是這次老闆並未抽中經營權，在台北的一位彩券商三顧茅廬擲筊後，決定讓財神爺遠赴台北。老闆不吝嗇，希望更多人中大獎，許多民眾的到消息後，也都特地趕來沾沾喜氣。看看民眾，在財神爺前拜呀拜，還拿著剛買來的彩券，在香爐前繞一繞。民眾說，中頭獎就像被閃電打中一樣，機率非常低，但財神爺前來坐鎮，或許他們也有機會，被閃電擊中，變成百萬富翁。

五次頭彩財神爺　花蓮迎回台北

TVBS　更新日期:"2007/01/06 12:32" 記者:金汝鑫

連開五次頭彩的花蓮金財神彩券行關門後，店裡財神爺成為搶手貨，許多彩券行打算出價搶購，台北一家新開的彩券行，連續三次跪求財神爺，終於迎回金財神坐鎮台北。

台北市通化街一處彩券行開幕，焦點全在這尊財神爺，就是花蓮金財神的鎮店之寶，連開五次頭彩，讓金財神成為家喻戶曉的財神爺，能夠迎回金財神，老闆開心極了。彩券行老闆邢紀藩：「最後一次得到財神的同意，我們終於如願把財神請過來，真的很高興希望大家中大獎。」

花蓮金財神彩券行關門消息傳出後，財神爺像身價暴漲，許多店家打算高價買回，都被拒絕，想迎回財神爺，得神明同意。原金財神彩券店家戴士溢：「他連來三次一直跪求神明，前兩次都沒成功神明沒同意，第三次連得三次聖杯。」

全台最有知名度的財神爺迎到台北坐鎮，打算將金財神福氣，分享給更多購買彩券的民眾。

(休閒生活 | 雜記)

黃○○ 鼻咽癌 報應快

一年多後，我已經開庭開到兵疲馬倦，不想玩了。

都已經每週兩次花錢請法師誦地藏經迴向給財神爺，黃○○跟著沾光，一年要花 312000 元，也已經花了，這可真是賠了夫人又折兵。

累了，我也鳴金收兵，那次我在法庭告訴法官，我一毛不要，我不告了。

法官欣喜若狂，要我簽下和解書。我不簽，我只是不告，又不代表財神爺要和解，我可是金財神人間代理人，這不能簽。

法官苦口婆心解釋，沒有和解書，不能結案。

我心想：「罷了！罷了！都已經誦經給黃○○，還有什麼不能簽的。」

我都要簽了，換黃○○不要。

這是搞哪齣戲？黃○○堅持賠六萬元。

我已經花了一百幾十萬，我就是堅持一毛不

拿；拿你六萬元，我算什麼？

審判長也「花霧霧」了，拜託我要收下六萬元，我就是不要。

這是歹戲拖棚還是好戲上場？錢不收下，戲要繼續演下去，我要繼續二個月上法院一次受折磨；我勉為其難，收了。

我要收了，黃○○又出招！他沒錢。

我笑場，我當場笑出來。黃○○的把戲這麼多，不收你錢，你一定要賠；要收你錢，你沒嘟噹！

黃○○當庭呈上一張台中澄清醫院診斷證明書；他得了鼻咽癌，在台中澄清醫院化療中，失去工作能力，他要求分期付款。

法官要我留下存摺帳號，黃○○每月五號會匯款 10000 元進去。

我真把他當無賴了，又一年後才去看存摺本子，真的每個月五號黃○○都有匯 10000 元，六個月共 60000 元，這是後話。

　　我永遠會記得財神廟被砸時，黃○○教我不要管，那是他和財神爺的私人恩怨，他們自己解決，財神爺會找他要。

修復彩券之神　黃金保單。　　　修復彩券之神　白金保單。

彩券之神 記者護法有功

敢欺神明，這不是唯一的一次。

被稱為「彩券之神」的花蓮金財神廟開基祖師爺移駕台北市通化街二十四巷二號後，一向較冷清的大安區信義路到臨江街的商家和人潮被帶動起來，繁榮了整條通化街，也同時創造通化街金財神投注站的黃金歲月。

陰陽更替，有興盛一方，就有衰弱一方。有修行的人會知天命，德配天地，順勢而行。但是一般人多是逆天而行，想力挽狂瀾。

金財神寶殿來到通化街這件事，惱怒一派地方人士。

神站在壯大的一方，或者壯大的一方有神明，應該不會有人敢在太歲（神明）頭上動土。偏偏有一派有力人士，自以為就是通化街的太歲星君，就是要拆廟。

是違建的廟都不一定拆得了，這金財神廟不

設為首頁 | TVBS | TVBS新聞台 | TVBS歡樂台 | TVBS-ASIA | TVBS周刊 | TVBS基金會 | 氣象 | BLOG | 討論區

熱門指數:1097　友善列印　寄給好友
小中大特

五次頭彩財神爺　花蓮迎回台北

記者：金汝鑫　攝影：李國正　報導

連開五次頭彩的花蓮金財神彩券行關門後，店裡財神爺成為搶手貨，許多彩券行打算出價搶購，台北一家新聞的彩券行，連續三次跪求財神爺，終於迎回金財神坐鎮台北。

台北市通化街一處彩券行開幕，焦點全在這尊財神爺，就是花蓮金財神的鎮店之寶，連開五次頭彩，讓金財神成為家喻戶曉的財神爺，能夠迎回金財神，老闆開心極了。彩券行老闆邢紀蕃：「最後一次得到財神的同意，我們終於如願把財神請過來，真的很高興希望大家中大獎。」

花蓮金財神彩券行關門消息傳出後，財神爺像身價暴漲，許多店家打算高價買回，都被拒絕，想迎回財神爺，得神明同意。原金財神彩券店家戴士溢：「他連來三次一直跪求神明，前兩次都沒成功神明沒同意，第三次連得三次聖杯。」

全台最有知名度的財神爺迎到台北坐鎮，打算將金財神福氣，分享給更多購買彩券的民眾。

 罩杯升級♥自然魅力
威塑抽脂搭配自體脂肪豐胸，揮別平胸、大小胸！立即諮詢 悠美醫療...<詳全文>

 安法荷旗艦購物網獨家送
簡單無添加的保養─四件組免費體驗！加入會員立即送，購物再送保養隨行組...<詳全文>

Photo

修改:2007/1/6 12:55

相關新聞
· 〈獨家〉誰得頭彩？　同學：進修部法律系學生 2006-12-31

是違建要怎麼拆？

　　當時的○幹事帶一行人，怒氣匆匆來到廟前
要我把廟拆了，理由是「私設神壇」。

　　我當場傻眼，可能《六法全書》我沒有讀熟，
哪來一條什麼「私設神壇」的，我真沒聽過。

　　輸人不輸陣，況且這又是神明事。我豁出去，
告訴他們：「我還是天地會、白蓮教，小弟就
是陳近南。」

　　我初到通化街就得罪地頭蛇──太歲爺爺。
小人物的我，只能拿命一拚，別無他法。

　　想到在「彩券之神」八路財神趙公明安座當
天，造成萬人空巷，全台灣的媒體無一缺席，
SNG 車把通化街擠得水洩不通；美國、澳洲、
大陸同步轉播，當然更包括台灣全島。我手上
一堆媒體記者的名片，我試著打電話求救！

　　媒體朋友果然仗義，一聽是彩券之神的事，
當然義不容辭、兩肋插刀，水裡來、火裡去，
絕無二話。

只是一聽到〇幹事；這是什麼鳥官？

全中華民國最小的鳥官，都欺壓到掌管人間財富的「八路財神趙公明」身上來， 可真是人間奇聞。

大記者朋友們帶著我去市政府，一狀告到民政局，剛好民政局在擬定績優〇幹事表揚名單。他們告訴府會聯絡人：「有一個積極負責的〇幹事，要拆金財神廟，因為人家私設神壇，這一定要表揚一下。」

府會聯絡人聽得傻眼，楞在當場。

剛好局長進門，看到一群市政記者來訪，充滿歡迎表情，很是高興。

一位記者開口：「今天來表揚一位〇幹事……」府會聯絡人尷尬中斷話題，說一定會處理好，拜託記者不要再講了。

台北市大安區是天子腳下，我算個什麼毛？那日一見記者能量，真是見到原子彈爆炸。只恨當年沒念社會組，也考上新聞、大傳系，當

個有用的大記者，就不會被人欺負成這個樣子，這些記者彷彿就是財神爺派來護法的。

從此努力經營媒體關係，得以在龍蛇混雜的夜市文化中開花結果，這是後話。

敢欺神明！又一屆台北市地方官選舉，該「○幹事」的老闆；連任二十年，自認是夜市土地公「○長」的他，充滿信心老驥伏櫪，慘遭滑鐵盧。

拜財神爺，不一定會發財、中大獎；欺壓神明的，我親眼見到，沒有一個好下場。

◀ ▶ 📖 ☁ ⬆　www.appledaily.com.tw/appledaily/article/head　⟳　　搜尋

| 184.172.60.139:5... | 184.172.60.139:5... | 聯合新聞網：觸動... | 184.172.60.139:5... | × 5開頭彩財神... | ＋ |

5開頭彩財神 移駕台北

2007年01月07日　👍 0　　g+1 0

來自花蓮金財神寶殿的八路武財神，昨安座於北市通化街一家彩券行。呂仁欽攝

【呂仁欽、余思維／台北報導】 全台唯一開出五次樂透頭彩、總彩金多達兩億元的花蓮金財神香舖彩券行，其所供奉的八路武財神，昨天被迎到台北市一家新開的投注站安座，吸引許多民眾爭相參拜，甚至有桃園人遠道而來。金財神彩券行老闆戴士溢親自護送財神爺北上，歡喜地說：「有緣才能被迎到台北市來，希望能帶來福氣和好運。」

三度跪求終如願

昨天上午九時許，通化街「功夫投注站」響起一陣熱鬧的鞭炮聲，來自花蓮金財神寶殿的八路武財神正式安座。功夫投注站老闆邢紀藩期許「武財神能帶動通化街夜市的買氣」，民眾搶著拿剛買的彩券前來膜拜，「有財神爺保佑，肯定旺的啦！」而一整天下來，投注站的業績也比前天增加一倍。

為了迎回這尊財神爺，邢紀藩三個月內三度跪求，終於在上個月底連擲三個聖筊，獲得神明同意。金財神彩券行老闆戴士溢說，公益彩券換手後他沒抽到經營權，各方人士紛出高價希望迎回武財神，卻只有邢紀藩如願，「不是錢的問題，得看神明同不同意。」

戴士溢說，五年前從福建迎回五尊武財神，曾許願事業順利蓋廟答謝，彩券行開設第一年就開出三次頭彩，其中兩期還連莊，讓他心存感激趕建「金財神寶殿」還願。

《蘋果》G+搬家囉！快點+1下

【今日最殺】
測愛情運勢抽新光三越禮券
【驚爆低價】
測運勢抽新光三越禮券！

【熱銷強檔】
免比價！團購美食我最便宜
【限量特賣】
測運勢抽新光三越禮券！

神來也德州撲克
看牌

神來也德州撲克
看牌

東北大媽 和 賤女人

　　台北市捷運藍線，永春捷運站四號出口，忠
孝東路五段和虎林街口，每天從早到晚都有流
動的人潮，忽兒人群走向捷運站，忽而人潮又
流到了虎林街。

　　這真是風水寶地；三角窗這邊是康是美藥妝
店，對面三角窗是全家便利超商。當地房仲告
訴我，原本統一超商每月租十二萬，後來租約
到期，全家用 25 萬搶租。

　　在超商旁有片空地騎樓，搭起了採光罩，租
給臨時攤販，三天兩頭換人賣不同商品；賣衣
服、賣手飾、賣水果，賣什麼生意都很好。

　　我找上了這棟大樓（台北市忠孝東路五段四
七二號）的管理員聊天，了解一下租金和管理
情形。

　　這位管理員是位東北大媽，個性豪邁開朗，
有一說一、什麼話都可說，話匣子一開，闔不

上了。

　　後來，聊到了彩券，她舉起右手突然猛烈拍打撞擊胸部說：「恨啊！恨啊！那個賤女人把我害慘啊！」

　　我被她那精采豐富的表情嚇到了，真怕她得內傷。丈二金剛聽不懂怎麼跑出一個賤女人來。

　　原來，這位東北大媽是該棟大樓管理員，省吃儉用的把薪水都拿回大陸給家人蓋房子，還秀出房子照片，獨門獨院三樓高，左為峻嶺、右邊平暢，前有湖泊、後有靠山，還真是一個看過風水蓋的洋房別墅。

　　自己靠回收該棟大樓的紙箱賺外快，一天自己只花不到 100 元活，直讚白開水比任何市售飲料健康，40 元三個饅頭搞定三餐；我真的不敢相信台北市有人可以這樣活著。

　　閒暇時間就是算牌，算威力彩、大樂透的明牌，偶爾也會和住戶、朋友交換明牌。

　　每天 50 元、100 元的彩券，比她一天的伙食費還多，相信自己有朝一日可以中個大頭獎榮歸故里。

　　東北大媽的生活圈，除了大樓住戶和辦公室職員外，盡是一些跟她一樣，夢想靠樂透發財，很辛苦的社會底層生活者。他們有相同的興趣，他們的 50 元一樣都得之不易，要靠勤勞和眼明手快搶比別人快一步回收紙箱，還得要收到一大落才有 50 元。同是天涯淪落人，互相取暖分享明牌是他們世界裡不用花錢又可以得到友誼的方法。

　　所謂的報明牌，如果沒有中獎，大概不會有人當回事。

　　把自己鑽研的辛苦結晶分享給另一個收垃圾的小同行大嬸，摃龜了 50 元，跑來破口大罵，要東北大媽賠錢。兩個人吵了起來，出手幹上一架；為了 50 元。

　　東北大媽那天原本已經算好了牌，準備把她

一天的生活費 100 元，買一注威力彩。就為了她口中的賤女人來罵她報的明牌不準，要她賠錢，她心情盪到谷底，氣到認為當天的運氣奇差無比，算好的威力彩明牌放棄不買；那可是很珍貴的 100 元。

故事總是這樣發生才夠精采。

恨啊！恨啊！ 那期威力彩差一點就要開在忠孝東路上，又要有一位億萬富翁誕生。

是的，大家都知道發生什麼事了。

東北大媽擦著眼淚；為了省下 100 元，2 億沒了。

徵得她同意拍了張照片紀錄這麼一絕。

一樣回收紙箱的婦人為了明牌不準，損失 50 元，可以找東北大媽吵上一架。

她該中而沒中的頭獎 2 億會有多恨，會有多憤慨，可想而知。

（照片不小心刪除，所以沒放。）

爸爸中百萬大樂透

　　我爸爸是國小老師，教書四十幾年後退休，買彩券成了他最大的娛樂。

　　民國 95 年某日，我爸爸向我媽媽要印章，神神祕祕的，我媽媽怕他被詐騙集團騙，囉嗦很久才給他。

　　原來，我爸爸中了大樂透的二獎，當期兩個人中獎，均分後可各得 166 萬，完稅後實拿 132 萬元，所以才要拿印章到彰化市的中國信託銀行領獎。

　　在很多的老鄉聚會上常聽到：「樂透很難中，怎麼可能中？中的人一定很有福！」我爸爸總會告訴大家：「小小買，買個機會，運氣來了就中了。」終究財不露白，少有人知道他中過百萬樂透。

　　同年 10 月，我爸爸如往日般，早上四點不到就去爬員林百果山的四百崁，不同往日的被

一大群看守果園的狗追趕，狗還咬著狗亂咬一通。

回家後午睡，我爸爸夢到很多狗，追著他亂吼亂叫；狗也是互相亂咬繞圈子，像很多個呼拉圈在地上滾驢。

睡覺起來後，我爸爸告訴我媽媽「狗來富」；爬山和夢裡都來了這麼多狗，肯定是財神爺報牌來送錢的。

我媽媽告訴他，一個人一生中，中一次大獎已經很好運了，怎麼可能這麼快又會給他中獎。我爸爸說：「上次是二獎，這次肯定是頭獎。」

爸爸是男生，數字 8，猜 8 號。

一群狗、狗滾驢、狗咬狗，數字 9 和 9 的顛倒 6。

在二樓的爸爸拿起電話打給一樓的我大哥，叫我大哥幫他去買一張大樂透；號碼是「06、08、29、39、46、49」。我媽媽在旁邊笑他：「那麼多 9，這牌肯定槓。」

　　接電話的我大哥「喔！喔！」二聲，電話掛
了。

　　看著樂透彩券開獎實況轉播，對很多退休沒
事的老人而言是很大的樂趣。

　　當天，八點四十五分，大樂透獎號被一個一
個搖出來，緊張刺激。

　　——哈哈！那六支狗牌真的開出，中頭獎
了！

　　我媽媽說：「怎麼可能。」

　　我大哥說：「哇！真的開了。」

　　哇什麼？因為根本沒有去買大樂透。

　　我住台北，很久後才知道這件事。

　　我知道後有些責難的去問我大哥，為什麼不
肯去買彩券，即使不中都該去買，討老人家開
心。

　　我大哥很不悅的說：「你只會講，你回家住
啊！你住家裡，給你去買，那種牌怎麼可能開，
如果知道會開，我當然會去買。」

　　我聽得一楞一楞的，回答：「啊！是啊！」沒住家裡服侍雙親就少開尊口的好。

　　我也問父親，為什麼投注站就在門口，不自己去買大樂透彩券。

　　他嘆一口氣，淡淡的回答：「命啊！」

　　比較樂天的母親，現在講起這件跟一億新台幣擦身而過的往事，總講得好像笑話一樣：「哎喲！真的都是9，真的開了。」

　　沒有一億還能過得這麼快樂，真的很佩服我媽媽。

生日、護照號碼、手機號碼 就是樂透明牌

　　在愛國獎券結束很久，2002 年才開始有了公益彩券。

　　2002 年 2 月 8 日，樂透彩券僅發行第六期，頭獎在新竹縣的新豐開出。

　　幸運的中獎人是潤泰紡織廠工作的泰勞——吉安夫妻。他們用家人的生日和歲數簽注，只花了 250 元，就中了頭獎和二獎，完稅後實領 3700 萬元。

　　據潤泰紡織廠指出，三十歲出頭的吉安夫妻來自泰北貧窮鄉下，兩人工作認真，二年合約到期，再展延一年。在中了大獎後工廠為了安全起見，已經派人將吉安夫妻送回泰國。

　　在當時 3700 萬可以在泰國買下一個島當島主。

泰勞吉安夫婦　財運當頭　2002. 2. 8 大樂透

兩夫妻分別中頭、二獎 返泰當寓公

二月初，第六期樂透彩開獎，在潤泰紡織公司工作的泰勞吉安夫婦，僅花了二百五十元，以妻子、兒女生日及歲數簽注，竟分別中頭獎及二獎，羨煞不少同樣來台工作之外勞，掀起一股外勞假日競相至樂透投注站投注之風潮。

據潤泰公司指出，三十歲出頭的吉安夫婦來自泰北貧窮鄉下，兩人工作相當認真，十分老實，因此二年合約到期，獲廠商展延一年，沒想到吉安以他太太及子女的生日、歲數為號碼，託友人在新豐簽注，竟中頭獎及二獎，羨煞不少外勞。 top↑

泰勞 夫婦 w 250 元

簽注生日、護照牌.

中獎 完稅後 3700萬

　　美國「紐約每日新聞」報導 2013 年 12 月 18 日，幸運的可里早上開車時聽收音機得知中了樂透；頭獎是 6.36 億美元，二人均分。

　　可里選的號碼是家人生日日期和他的幸運號碼 7 組成。

　　彩券煉金術並不是虛幻的，只要把家人的生日、電話、證件號碼，排列組合一下，就是一億元了。

　　君不見，不管大樂透、威力彩、539 只要開出 09，那期的頭獎大概就被中走的機率很高。

　　為什麼？因為台灣的手機號碼都是 09 開頭。我試過很多次，在 539 開出的獎號有 09 時，號碼組合後撥打，對方接起電話後，我便恭喜他中 539 頭獎。

　　很多人以為我是詐騙集團，但也有很多人聽完我恭喜他們的手機是當期 539 的頭獎，為之扼腕。

　　因為大多數的人，運氣來了卻沒買彩券。

　　買了彩券，號碼不是自己的手機號碼，不相信幸運之神就在自己的掌握之中。

家人生日 就是 明牌

據美國《紐約每日新聞》報導，可里說，她在報紙攤買了一張彩券，所選號碼由家人生日日期和幸運號碼7號組成。她在昨日早上開車時聽收音機得知中獎，打算一次領完獎金。另一名幸運兒來自加州，身份未知。

102.12.18　6.36億美元、二人均分

可里用家人生日號碼買彩券，中了約新台幣36億元。翻自美國《紐約每日新聞》

買別人不要的彩券 中頭獎

　　102 年 1 月 1 日，元旦，高雄寶金發彩券行賣出今彩 539 頭獎，這本是一張會被作廢的彩券。

　　一名財神爺找上她的女子，到寶金發彩券買電腦選號大樂透 100 元，老闆娘沒有聽錯，手卻不聽使喚，打成今彩 539，給了這位本該當天中頭獎的女客人。

　　買彩券是預期自己吉星高照，要有喜事發生，應該帶著喜悅心情購買彩券。被財神爺挑上的女子，卻動怒堅持重打彩券，就這樣把喜神、財神

趕跑。

　一般彩迷買彩券時，若發生店家打錯彩券，通常會多買一張。買彩券是做善事，就當是多做一點，福報也多一點。

　這張今彩 539 彩券，後來被一個男性熟客順手買走，中了 800 萬。

在美國密西根州有一個好運男，2011 年在六個月內，連續中了二次百萬美元大獎（一次 3000 萬台幣、一次 4000 萬台幣）。

他不吝惜的分享，中大獎的祕訣——購買彩券商誤打或多打放一旁的彩券。

退休男4年2度中樂透彩　抱走近9千萬台幣

2013年12月22日12:54　[f]讚 〈76　[8+1] 〈14

【林奐成／綜合外電報導】人一生中若能簽中一次樂透頭彩，就堪稱好運中的好運，但美國田納西一名老人，卻不只一次贏得百萬美元樂透彩金。

《今日美國報》報導，退休水電工惠特森（Charles William "C.W." Whitson）2010年對中刮刮樂，贏得100萬美元（約2990萬台幣）頭彩。上周他參加「再玩一次」樂透抽獎，竟然再次抱走200萬美元（約5980萬台幣）的頭彩，超級好運氣，令人嘖嘖稱奇。

監聽立法院出明牌
539 頭獎 800 萬

102 年 9 月 28 日，立法委員管碧玲爆料，立法院總機「0972-630-235」遭特偵組掛線監聽。

10 月 2 日，該新聞已經成為平面媒體、電子媒體的頭條新聞，政論性節目二十四小時轟炸，稱作「台灣版的水門事件」。

相信嗎？十月二日這一天開出的 539 號碼：03、05、20、23、36。

好眼熟啊！完全命中立法院被違法監聽的總機電話號碼。

再看一次！

去掉 0972 的頭，剩下 630-235，左右看看，就是 539 五個號碼全開──頭獎八百萬耶！這就是隨形理論的時事牌；立法院的監聽出明牌。

神明牌 是鐵支

101 年大年初四接財神（元月二十六日），財神爺指示鐵支 03、22，在貼出公示後，忙著舞獅、撒紅包。

當期（元月二十七日）大樂透開出 03、22。

我早就忘了這件事，是通化街的鄰居大胖拿鞭炮來放才知道，神明牌準！

自此以後，每期開獎前，一堆人來抄明牌。我很謹慎的不再公告明牌，僅在特定日子公告明牌，每次都神準，每每造成洛陽紙貴。

所謂的神明牌是財神爺在我靜坐和睡夢中告訴我的。我自己也因此中過二次大樂透三獎和七次以上的 539 二獎；如果財神爺很清楚告訴我一個或二個數字就是鐵支。

在當期會開出二星或是一期開一支，分兩期開出來。很多彩迷用來買二合彩，中幾千元就很高興了。

　　有幾次睡夢中鋼版浮刻清清楚楚的六個數字，我在夢中可以控制自己，叫自己快快起床，以免忘記號碼。在夢回後快速記下號碼，我記憶力可能真有問題，總是有一、二個記得模糊。再怎麼回憶夢中浮現的號碼就是模糊，離頭獎就是這麼一步之遙不可得。

　　有幾次私下抱怨財神爺怎不給力一點，我也很想中十億。有彩迷告訴我，財神爺不會給我中頭獎。因為我中十億後會丟下財神爺跑去享受人生。

　　我還是很想中十億，也認為每個人一生中都該中一次樂透頭獎，活得有尊嚴些。

元月28日 539 再中4星

中華民國
101
年
一
月

26

農大 正月初四

☑ 宜：祭祀、嫁娶
☒ 忌：安床、安葬

日	一	二	三	四	五	六
	1	2	3	4	5	6	7
8	9	10	11	12	13	14
15	16	17	18	19	20	21
22	23	24	25	26	27	28
29	30	31	

大樂透 記事

鐵支
03．22

坐上旋轉音樂馬車，讓人感受到無比的幸福快樂。（圖／臺北市立兒童育樂中心提供）

元月27日大樂透 號碼 03.20.21.22.34.40

端午節氣牌 39、41 必開

　　每年端午節前後，大樂透都會開出節氣牌「39、41」。每期蹦一支，有時一起開出。

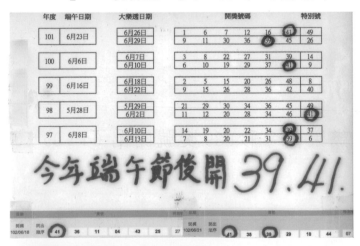

年度	端午日期	大樂透日期		開獎號碼						特別號
101	6月23日	6月26日	1	6	7	12	16	(41)		49
		6月29日	9	11	30	36	(39)	45		26
100	6月6日	6月7日	3	8	22	27	31	39		14
		6月10日	6	10	19	29	37	(41)		9
99	6月16日	6月18日	2	5	15	20	26	48		8
		6月22日	9	15	26	28	36	42		40
98	5月28日	5月29日	21	29	30	34	36	45		49
		6月2日	11	12	20	28	34	46		(41)
97	6月8日	6月10日	14	19	20	22	34	(39)		37
		6月13日	7	8	20	21	31	(39)		6

今年端午節後開 39.41.

| 民國 102/06/18 | 開出順序 | (41) | 36 | 11 | 04 | 43 | 25 | 27 | 民國 102/06/21 | 開出順序 | (41) | 35 | (39) | 29 | 19 | 44 | 07 |

邢紀藩
6月13日上午8:24 🌐

六月十四日 大樂透
39、41。最強號碼，必開 — 在**通化街金財神**

49 樂合彩
00000 05416 16897 80224 26848 99325 58080
銷售日期：民 102/06/13 08:16:15
A. 39 41 ———————— 二合$25
開獎日期：民 102/06/14
期別：#102000051 計 1 期
總金額：NT$25

臉書公告:「金財神送錢啦 上帝也瘋狂」

102 年 2 月 8 日,我到年代電視台錄製《年代向錢看》節目,推薦過年新春最強獎號——今彩 539「04、05、08、13、27」,並隨後張貼在個人臉書上,告訴大家:「金財神送錢啦!」

幾天後今彩 539 獎號開出 04、05、07、08、27,五個號碼命中四個,50 元一張彩券中獎 20000 元。

替《年代向錢看》節目加分不少,通化街彩迷在投注站貼出「金財神送錢啦」的告示後,人手一張 20 期號碼一模一樣的今彩 539 彩券。

真的很慶幸,沒有開出頭獎,否則演出電影《王牌天神》真實版,頭獎獎金一注大概分不到 20 萬,會被罵死。

台灣省南部地下六合彩大組頭拖關係來拜託,要我上電視報明牌,只報三支就好,不要

報四支，四支全開太傷；那一期，全台灣被中
走彩金高達十億，很多組頭跑路。

▶ 今彩539

期　別	第102000048 期					
本期中獎號碼	依開出順序排列：	04	27	08	07	05
	依大小順序排列：	04	05	07	08	27

期別	日期	獎號					
098000129	開獎 98/06/30	開出順序	11	31	21	01	29
	兌獎截止(註3) 98/09/30	大小順序	01	11	21	29	31
銷售金額	獎金總額	項目	頭獎	貳獎	參獎	肆獎	
29,149,950	44,631,876	中獎注數	28	752	7,939	64,204	
		單注獎金	857,142	20,000	300	50	

真實版的上帝也瘋狂；
98 年 6 月 30 日

今彩 539 的頭獎破天荒有 28 注。

每注本來有 800 萬獎金，縮水到剩下 85 萬。

原因是 4 支 1 尾全開，選 1 尾配號，就中頭獎。

3 的倍數、監獄風雲 （內籬牌）

　　很多對數學有興趣的人，都堅信有一天會開出全部是「質數」（只能被 1 和自己能除盡的數字）的大獎。

　　在 102 年 5 月 9 日威力彩第一區開出 03、06、09、15、21、30。全部是 3 的倍數。

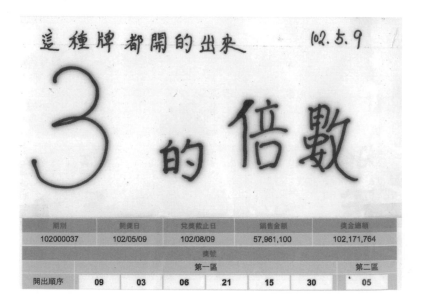

期別	開獎日	兌獎截止日	銷售金額	獎金總額
102000037	102/05/09	102/08/09	57,961,100	102,171,764

	獎號						
	第一區						第二區
開出順序	09	03	06	21	15	30	05

　無獨有偶，不對！是「無偶全奇」。

　在 101 年 7 月 17 日今彩 539 開出 13、15、17、19、21。五個緊密排列的奇數，這好像一根根列柱的牢籠。

　行政院秘書長、國民黨副主席林益世才剛被捉去關，監獄牌在告訴我們，後繼者更多，正式宣布台灣的新監獄風雲（內籬牌）。

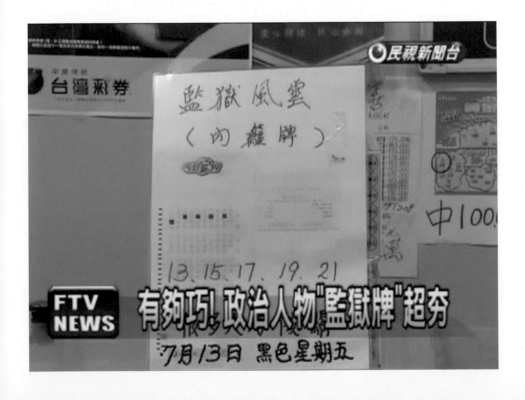

單張彩券投注有上限
保護彩迷權益

一張彩券最大額可以花多少錢包牌呢？

我試過。單張彩券投注上限是「六百四十萬六仟四百元」。

威力彩第一區最多可以買 16 個號碼，第二區 8 個特別號全包。

這樣買會賺錢嗎？哈哈哈⋯⋯不知道，約千分之三的機率可以中頭獎；有人這樣買嗎？哈哈哈⋯⋯應該沒有。

台灣威力彩最高累積頭彩是 23.62 億，102年 7 月 18 日在桃園市「千百萬彩券行」開出，獎金一人獨得。二獎開出二注，可見中頭獎者不是包牌中的。

理論上，威力彩有可能累積到 50 億，甚至100 億。

把威力彩第一區 38 個號碼和第二區 8 個號

碼全包（大全餐）要 2208544800 元（約二十二億）。大樂透 49 個號碼大全餐要 699190800 元（約七億）。

　　如果頭彩累積到超級無敵大，吸引有錢人或創投公司買大全餐，這對累績獎金有貢獻的小彩迷是很大的不公平。所以台灣彩券才會設計成不可能包牌的購買限制，保護小彩迷成為百億富翁的夢想權益。

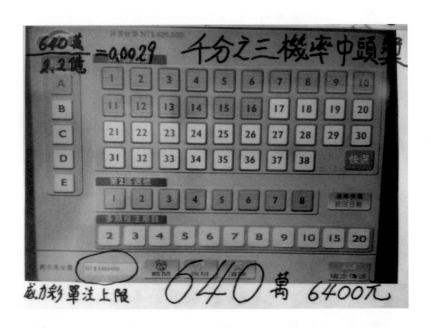

威力彩 必中包牌分析

机率 $\dfrac{38 \times 37 \times 36 \times 35 \times 34 \times 33}{6!} \times 8 = 2208 5448 \doteq 2200$萬分之

每注 100元. 共要 **22億** 855萬

不可能的任務

- ◎每5秒投單一次　◎1分鐘可于48注　◎1小時可下 2880注
- ◎每張投注單:可打四注，　要 855萬次投單動作
- ◎550萬 ÷ 2880(注)= 1910 工作時數
- ◎每天早上七點開机 到晚上24:00 (每天 17個工作小時)
- ◎1910(工作時) ÷ 17 (工作時)= 112 個工作天

要找 112家投注站. 不休息間斷·打一天·才可完成

威力彩下注極限 第一區16個:第二區全包 **6406400元**

威力彩大全餐包牌、分析、説明。

藝人羽化 鶼鰈情深
雙生牌 58 歲的巧合

　　不捨的、不忍的，不要再叫出那麼多令人懷念的影星、歌星們的名字。

　　每次解出這些傷心牌都被記者歇斯：「太殘忍了這些牌，可以講別的牌嗎？」

鳳飛飛　　　101. 1. 3 威力彩
101. 1. 3　03. 04. 06 17. 29. 35 07

潘安邦　　　102. 2. 3 威力彩
102. 2. 3　06. 10. 12. 19. 30. 32 05

李國修　　　102. 7. 3 威力彩
102. 7. 2　06. 07. 09. 13. 25. 26 04

58歲藝人走 開 06.

　　但真的好準啊！只要有台灣的「星」隕落，那幾期的樂透就是一直開「雙生牌」。大牌藝人離開，我們的那一期威力彩就是會開出 06 這個號碼。

　　在 101 年和 102 年同時有三位五十八歲的巨星隕落，在尋找規律性時，發現這個巧合。

　　鳳飛飛，101 年 1 月 3 日歿，時 58 歲，當天威力彩開出 06。

　　潘安邦，102 年 2 月 3 日歿，時 58 歲，當天威力彩開出 06。

　　李國修，102 年 7 月 2 日歿，時 58 歲，隔天威力彩開出 06。

　　我個人的解讀是；06 是標準的地震牌。巨星隕落，天地同悲、可歌可泣；所以，威力彩開出 06 表示哀悼。

　　可是，這個巧合只發生在 58 歲的巨星身上。

≡　　👥 💬 🌐　　　🔍 搜尋人、地點和事物

📝 狀態　　　　　📷 相片　　　　　📍 打卡

邢紀藩在通化街金財神
1 分鐘之前 · 🌐

今天威力彩 06 是鐵支
（趙舜 58歿）

iPad 🔋　　　　　　　　　　　上午8:49　　　　　　　　　　📶 📶 100% 🔋
完成　　　　　　　　　彩券煉金術 .docx　　　　　　　　　🔲

藝人羽化 鶼鰈情深 雙生牌 58歲的巧合
不捨的，不忍的，不要再叫出那麼多令人懷念的影
星、歌星們的名字。
每次解出這些傷心牌都被記者唏噓；太殘忍了這些
牌。可以講別的牌嗎？
但真的好準啊！只要有台灣的"星"隕落，那幾期的樂
透就是一直開"雙生牌"。大牌藝人離開，我們的那一
期威力彩就是會開出06這個號碼。
在101年和102年同時有三位58歲的巨星隕落，在尋找
規律性時，發現這個巧合。
鳳飛飛101、1、3歿，時58歲，當天威力彩開出06。
潘安邦102、2、3歿，時58歲，當天威力彩開出06。
李國修102、7、2歿，時58歲，隔天威力彩開出06。
我個人的解讀是：06是標準的地震牌。
巨星隕落，天地同悲、可歌可泣。所以，威力彩開出
06表示哀悼。
可是，這個巧合只發生在58歲的巨星身上。
照片

👍 讚　　　💬 留言　　　➤ 分享

103 年 12 月 11 日，資深藝人趙舜 58 歲歿，第一時間在臉書公告
06 是鐵支，果然開出。

地震六級 大樂透開出
06、16、26、36、46

　　102年11月1日花蓮驚天一震——六級的
淺層地震，讓台北的101大樓左搖右晃。當天，
大樂透開出06、16、26、36、46。

　　見鬼了，五個6尾全部被地震搖出來了，派
彩還沒公佈，我告訴《蘋果日報》記者徐毓莉，
累積二億的大樂透頭獎可能要被中走了。

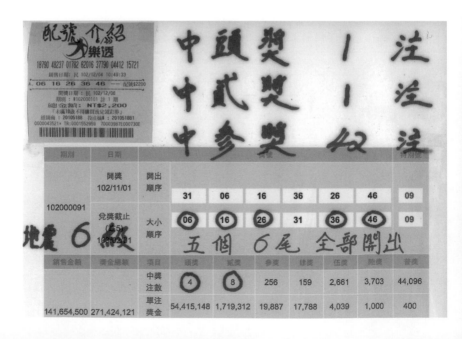

她說：「怎麼可能？這種號碼！」

我腦中想起的是：我爸爸沒有買到的那期大樂透號碼也是一大堆 9 尾，誰說同尾數的號碼開了五個就不會有人中。

我回答她：「今天凌晨花蓮六級地震，把 6 尾全搖出來，標準的地震牌。」

有算牌的高手，會用五個 6 尾的號碼下去配號，只要花二千二佰元，就中頭獎一注，貳獎一注，三獎 42 注。

晚上十點，台灣彩券官網公告派彩結果，有四個人中頭獎。

徐毓莉第一時間打電話給我，說：「老闆，你就準唉！」

很多人電腦選號買彩券，看到和上期一樣號碼（連莊）二個就作廢不要。或者電腦配號有三個相同尾數的也不要，要求作廢。又為什麼這期五個 6 尾全開，就有四個人不信邪，自己選號或電腦配給他，而他不拒絕，收下彩券，

成了頭獎得主。

　　曾經在國外的樂透，連續數十期沒有人中，累積了數十億美金。

　　邪門的是，那次被中走了頭獎的號碼，竟然和上一期的開獎六個號碼完全一樣（六個號碼全部連莊）。

　　我的看法是——隨形理論（時事牌）、純化現象（強者恆強）、α 定律（白努力定律），稍後再論這些。

地震牌 神準
威力彩 七中七

剛才講花連地震,把一堆 6 尾全部震出來——真那麼未卜先知就太讚了。

其實,當然都是事後諸葛。

當一個事件成為媒體焦點引起廣泛注意,就會產生時勢牌。

小事件或單純台灣地區事件,會反映在 539 的號碼上。例如,立法院總機「0972-630-235」被特偵組監聽,電話號碼以正反方向順序開出 539 的五個號碼「03、05、20、23、36」。

在大事件上和引起全世界撼動的事件,就會反應在大樂透和威力彩上。

例如,林益世事件延燒不斷,每天媒體都有新爆點,所以,大樂透、威力彩開出的號碼常常和林益世有關。

當有大地震發生,就有地震牌開出,屢試不

爽。

汶川地震，2008、5、12，下午 2 點 28 分。

這個八級的地震，全世界都被震動到；「四川」這個地名，同一時間在全世界的媒體放送，這麼有威力的地震，讓全世界知道四川這個地方，除了有貓熊外還有地震。

既然如此有威力，當天，台灣開出的威力彩號碼也順勢開出地震牌。

第一區六個號碼 07、11、13、14、23、24。

第二區特別號 07，七支全部是四川地震牌。

在時勢牌拆解最常用的就是直接諧音（如林益世 014）、和數（數字相加）、積數（數字相乘）。

5 月 12 日的四川（汶川）大地震，當天台灣威力彩開出第一區 07、11、13、14、23、24，第二區威力球 07。

四川地震來拆文解字，就是威力彩頭獎。

信不信？

四：四尾。開出 14、24。

川：橫看是三。開出 13、23。

四川：和數 3+4=7。開出 07。第二區也是 7。

只要地震夠大，當期的樂透就會開出「震」，拆成「雨」和「辰」；數字意 11 和 6 相關的數字。

所以，四川（汶川）地震當天，台灣威力彩開出的獎號全部是四川地震牌；證明彩券煉金術果然可以煉金。

要說明的是地震要能夠登上世界媒體版面時，地震牌出現機率才會大增。

《易經》，震為雷。

拆解「震」這個字，是「雨」和「辰」。

「雨」取其形是 1。

「辰」（十二地支行五）是龍（十二生肖龍行五），數字是 5。

震的和數是 1 ＋ 5 為 6。

四川汶川大地震

四川7.8級地震
北京時間（香港時間）
昨日下午2:28
震央：四川汶川縣
　　　北緯 31度
　　　東經 103.4度
新華社

2008 年四川汶川地震，當期威力彩開出 07、11、13、14、23、24 特別號 07

2008. 5. 12

可以看到四川地震後開出的威力彩全部都是四川牌。

四：開出 14、24

川：（橫看川字，就是三）開出 13、23

四川 的和數牌 3+4=7。開出 07。　特別號也是 07

而地震牌，就是"震"字，拆成"雨"和"辰"，數字意涵是 11 和 6 的相關。

97. 5. 12

威力彩　七中七　2億

期別	開獎日	兌獎截止日	銷售金額	獎金總額
097000032	97/05/12	97/08/12	62,111,900	158,139,515

		獎號				
			第一區			第二區
開出順序	24	07	13	14	23	11	07
大小順序	(07)	(11)	(13)	(14)	(23)	(24)	(07)

　若要問我為什麼硬要把地震牌講成 6 的尾數，我只能說；事實告訴我們，每一次大地震後的地震牌就是會開出很多 6 尾。我真的是用結果論反推，把震這個字的和數 6，來合理化為什麼就是 6 尾。

　或許很多學習《易經》的先學，可以有更合理的解釋地震牌就是開 6 尾的這個結果。

　地震牌真的就是開 6 尾，記得花蓮 6 級地震，大樂透開出 06、16、26、36、46 五個 6 尾。

　請大家繼續看下去。

地震牌 神準
威力彩 六中五加特別號

四川（雅安）大地震七級 102、4、20。

威力驚人又一次大地震，同期台灣威力彩
（2013、4、22） 開 出 13、16、22、24、
29、36。第二區 5 號。

剛才提到地震牌就是 6 尾，開出 16、36 二
支。

四：四尾，開出 24。

和數：開出 13、22。（1+3 = 4，2+2 = 4）

川：橫看是三。三尾，開出 13。

第二區 5 號，是辰為龍（十二生肖龍行五）。

這次四川（雅安）地震，當期威力彩開出五
支地震牌和威力球獎號 5。

再看下去，引起核能危機的日本311大地震。

當期台灣威力彩開出 04、05、06、11、
18、26。第二區 4 號。

四川雅安大地震

2013. 4. 20

四　和數 13. 22.

　　倍數 16. 24. 36

川　尾數 13.

六中五 加 特別號

期別	開獎日	兌獎截止日	銷售金額	獎金總額
102000032	102/04/22	102/07/22	1,079,447,200	1,752,264,500

獎號						

	第一區						第二區
開出順序	29	16	36	22	13	24	05
大小順序	13	16	22	24	29	36	05

地震牌 6 尾，又開出 06、26。

「震」這個字，是「雨」和「辰」。

「雨」取其形是 1 尾。開 11（像下雨的形狀）。

「辰」（十二地支行五）是龍，數字是 5，開 05。

開出 05、06、11、26 四支地震牌。

2004 年 12 月 26 日南亞海嘯大地震達 9.2 級，威力彩開出什麼地震牌了嗎？

答案是沒有。因為台灣威力彩是在 2008 年（民國 97 年）才上市的。

但是，當期（2004、12、27）的大樂透開出 01、08、16、22、24、30 六個號碼。其中 16 就是地震牌。

令人不寒而慄的是，16、22、24 和 2013 年四川雅安地震時威力彩開出的 13、16、22、24、29、36，竟然有三個號碼一模一樣（16、22、24）。

　我想會有人想知道，2010 年海地大地震有 7.3 級，死亡人數達 27 萬人，有開出什麼號碼嗎？

　答案是沒有。

　我的看法是，地震時勢牌是受台灣媒體關注程度影響。四川地震或日本地震對台灣有直接影響，而台灣人民和大企業對四川地震和日本 311 地震都有大額捐款。電子媒體從地震開始就二十四小時插放，儼然就是台灣內部事件，台灣的樂透當然會反映。

　所以，當國外的大事件，少影響到台灣的，媒體沒有很大篇幅報導的，都不會在樂透號碼上反映出來。

彩券　　術

利用隨形理論提高彩券中獎機率，
由貧到貴，改變人生！

98

日本 311 大地震

2011 年日本 311 地震後當期威力彩開出　04、05、06、11、、18、26　特別號 04

2011. 3. 11

雨　　　雨　11.

辰　　　辰　06.26

地震牌　三支

期別	開獎日	兌獎截止日	銷售金額	獎金總額
100000021	100/03/14	100/06/14	76,529,000	376,302,252

	獎號						
	第一區						**第二區**
開出順序	06	04	11	18	05	26	04
大小順序	04	05	06	11	18	26	04

高溫牌 37、38

　　炎熱的夏天，高溫破錶占據電視新聞版面時，539 的 37、38 就會開出來。

　　鄉下的老阿嬤叫做「電視牌」，為什麼只出現在 539？因為高溫出現在台灣，明牌就只反應在 539。

　　時勢牌很明顯出現是有規律的，地區性的事件出現在 539，引起廣大注意的事件就反映在大樂透和威力彩上。

　　國際震驚事件，尤其是地震、海嘯，威力彩當期就開出來。

命中 高溫牌 36. 37. 38

財經新聞>> 台灣財經　　2012-07-16

連28

威力彩

注獨得

37和3

Goog

管中閔：爺們不在乎！爺們牌「夯」

樂透開出的牌，好像就是不肯放過管中閔。

102 年 12 月 2 日時任經建會主委管中閔遭立委砲轟，並提案全數刪除管主委的年終獎金。

管中閔回答：「我連下台都敢講，如果只是講刪年終，一點問題也沒有，作爺們的怎麼會在乎這個。」

李敖大師馬上世說新語一番，解釋「爺們」就是你老子我，就是你爸爸我的意思。

立法委員蔡其昌怕台灣人聽不懂，說：「爺們，台灣話就是『恁爸』。」

台灣的政論節目整天都在討論「爺們」，每天的新聞也都是「爺們」、「老子」、「你爸爸我」。

說也好笑，「08」這支「爺們牌」竟連續三

"爸們"="恁爸"="你老子我"
="你爸爸我"

08.885. 0885.
2885

期樂透獎號開出。

12月3日、6日，兩期大樂透和十二月五日的威力彩都開出「08」。

12月6日的三星彩還開出「885」（爸爸我；諧音）的正彩。

其實時勢牌，真的很有意思！

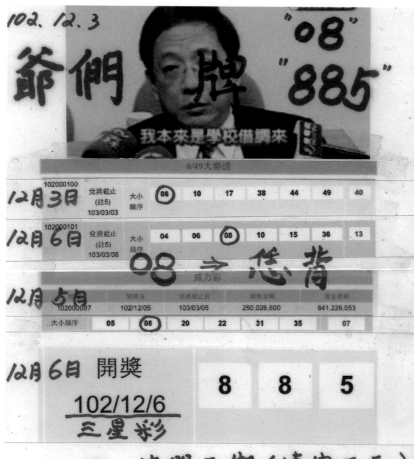

爺們牌「夯」！
大樂透 六中六

12月2日「管鐵嘴」開口「爺們」，隔天
12月3日的大樂透六支獎號

（08、10、17、38、44、49）全部都是「爺
們牌」。怎麼說呢？請看我的解牌。

「爺們」是08，沒有爭議。 所以，8的尾數
08、38 也沒有問題是爺們牌。

17 的和數（1＋7＝8）是 8，爺們牌。

44 的和數（4＋4＝8）是 8，爺們牌。

10 號又是什麼呢？10 號表示「單超」一個；
漢子一條，老爺我就是這樣，很有個性的爺們
牌。

49 號又有什麼玄機呢？為什麼也是爺們牌？
因為大樂透的獎號是從 1 號到 49 號。49 號代
表至尊無敵大，你爸爸我最大。

管爺一句話，帶出了億萬金，也是功德一件。

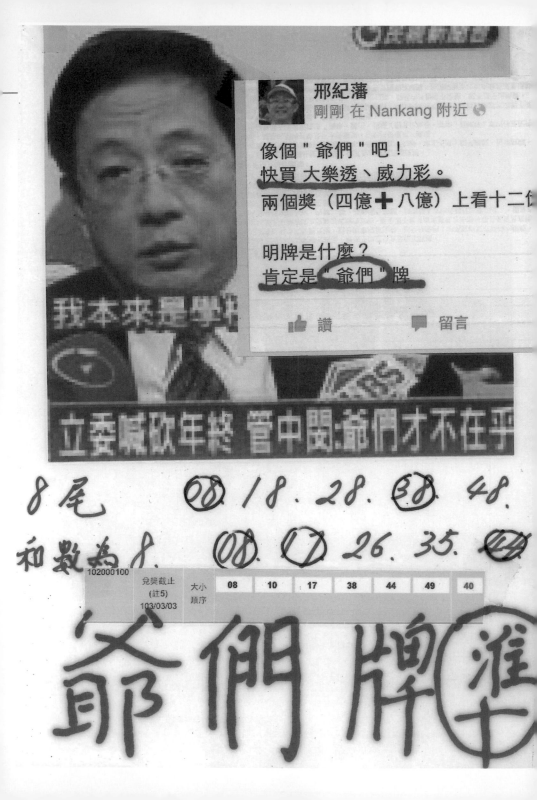

邢紀藩
剛剛 在 Nankang 附近 🌐

像個 " 爺們 " 吧！
快買 大樂透、威力彩。
兩個獎（四億➕八億）上看十二億

明牌是什麼？
肯定是 " 爺們 " 牌

👍 讚　　💬 留言

我本來是學

立委喊砍年終 管中閔:爺們才不在乎

8尾　⃝08 18. 28. ⃝38 48.
和數為8.　⃝08. ⃝17 26. 35. ⃝44

102000100	兌獎截止 (註5) 103/03/03	大小 順序	08	10	17	38	44	49	40

爺們牌 淮

爺們牌「夯」！
威力彩 六中六

　　像管爺這種國寶，老天爺肯定不會輕易放過他的。

　　12月12日威力彩開出 01、08、25、28、34、38，竟然六支全中。請看圖說；其中250（紅包）一個是指貳佰伍一個。

地震、打雷、冰雹
天怒人怨牌
威力彩 5 億 七中七

　　102 年 3 月 27 日，台灣少有的怪異天氣一起出現。

　　南投發生 6.1 級地震。台北晴空打雷並下起冰雹。

　　到底什麼事能夠引起如此的天怒人怨呢？

　　當天涉貪的南投縣長李朝卿被交保。

　　隔天威力彩頭獎上看五億，竟開出天怒人怨，李朝卿牌！

　　102 年 3 月 28 日，威力彩開出 01、06、10、15、19、34，第二區 7。

　　李朝卿在監獄的編號是 0100，關在第六房。其涉貪證據是五佰萬元以上工程抽 15%。前一天南投地震是 6.1 級，15 公里深。

李朝卿　3月27日　交保

地震．打雷．冰電

61級 15米

編號 O①O O．　第⑥房．　500万以上 抽⑮%

CNN 報尊 台灣 會有 ㉞公尺 海嘯．

馬（⓪⑦）英九（⑲）誇 李朝卿：藍色執政

品質保証

期別	開獎日	兌獎截止日	銷售金額	獎金總額
102000025	102/03/28	102/06/28	119,238,000	512,642,707

	獎號						
	第一區						第二區
開出順序	15	06	01	19	10	34	07
大小順序	01	06	10	15	19	34	07

彩券/金術　利用隨形理論提高彩券中獎機率，
　　　　　由貧到貴，改變人生！

110

　　選舉期間，馬（7，十二生肖排第七）英九（19）總統誇讚李朝卿，藍色執政，品質保證。

　　當天台灣電視新聞令人驚悚的新聞是：CNN報導台灣會有 34 公尺高的海嘯發生。

　　這些數字湊一下，竟然和威力彩開獎號碼完全吻合一致，價值五億。

　　監獄編號：01、10。

　　監獄房舍：06（其實也是地震牌 6 尾）。

　　地震六級：深度 15 米。

　　工程貪污：抽 15%。

　　CNN 報導海嘯：34 公尺高。

　　天聽自我民聽，天視自我民視。

　　天有異象告訴馬總統：李朝卿不是好官。開英九的諧音 19。第二區開 7 號，屬馬。

　　5 億威力彩開出天怒人怨牌，用地震、打雷、冰雹要上位者下罪己昭。

　　有人瞎了、聾了、沒感覺，自我感覺良好。

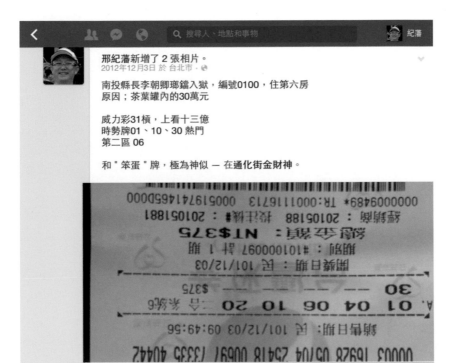

邢紀藩新增了 2 張相片。
2012年12月3日 於 台北市 ·

南投縣長李朝卿瑯鐺入獄，編號0100，住第六房
原因；茶葉罐內的30萬元

威力彩31槓，上看十三億
時勢牌01、10、30 熱門
第二區 06

和 " 笨蛋 " 牌，極為神似 — 在通化街金財神。

美日預言大地震　恐引8到34公尺海嘯

TVBS TVBS – 2013年3月27日 下午5:26　　　　-字 +字

台灣發生規模6.1強震，美國有線電視新聞網CNN，特別由氣象主播詳細解說，而美國跟日本也陸續預測會有強震發生，美國最新研究報告指出，美國西岸的卡斯卡迪亞斷層，只要發生規模8.0地震，可能帶來8公尺高海嘯，同時會有26萬人受難，而日本的南海海溝，一旦出現9.0強震，也可能掀起34公尺海嘯，死亡人數上看32萬人。

台灣發生芮氏規模6.1強震，美國CNN用頭條報導。CNN氣象主播：「芮氏規模6.0是強烈地震，深度才20.7公里，震央靠近台灣埔里，大約在埔里東南方20公里。」

地震規模6.0，這是美國地質研究所測到的數據，CNN說地震規模強，但只會對部分建築

苗栗大埔
張藥房──含冤牌

　　這世間上，竟然有人強拆民房，還稱：天賜良機。百姓無奈，只好自己了結生命抗議。

　　我說的，當然就是苗栗大埔張藥房。

　　102 年 9 月 18 日，張藥房老闆張森文自殺或他殺，死在排水溝渠中。

　　此等人間慘事，一定會有含冤牌出現。

　　頭七那天，含冤的張藥房會回哪個家呢？肯定是「仁愛路 894 號的張藥房」。

　　102 年 9 月 23 日，我公告張藥房含冤牌 8、
9、4 尾。

　　當期威力彩開出獎號 12、18、19、 24、
25、28，第二區 5。

　　張藥房含冤牌開出四支（18、19、24、
28）。

　　整條通化街鞭炮聲響、鑼鼓喧天，彩迷樂翻。

靈異事件：
林益世（014）牌

101 年 6 月 27 日，《壹周刊》大篇幅報導，
時任行政院秘書長林益世涉貪。

7 月 2 日林益世遭特偵組收押禁見。

7 月 4 日早上很多電子媒體來採訪我，問有
什麼林益世牌。

我嘴巴講太快，把林益世事件說成「靈異事
件」。三星彩 014 的諧音是林益世牌。

　唉！說歸說，我自己也認為如果開得出三星彩 014 就真的是靈異事件。

　當天下午我騎腳踏車運動往返淡水。晚上九點在紅樹林河濱接到公司櫃台的電話，有很多記者要採訪我，店門口停了很多 SNG 車。我很詫異，有大事發生嗎？

　原來當天三星彩正彩真的開出 014。真的成了靈異事件。

　有多靈異呢？三星彩正彩 014，中獎注數四四四注，死死死，林益世不死也難。

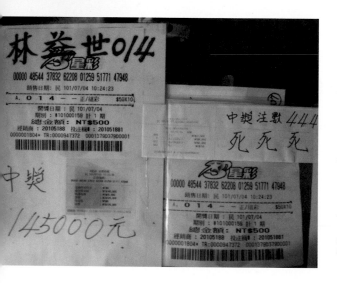

就這樣結束嗎？當然沒有。

時勢牌的魅力就是媒體節目報導的越多，開出機會越高。

公益彩券並沒有就這樣放過林益世。從案件爆發以後，每期的大樂透和威力彩，期期開出林益世牌。少則兩支，多則三、四支。誇張的在 7 月 19 日的威力彩和 7 月 20 日大樂透的有獎號全部是林益世牌。

大樂透連槓 7 期，頭獎 5.3 億沒有人中獎。

威力彩連槓 29 期，頭獎 8.5 億沒有人中獎。

兩個大獎的獎金，夾起來剛好也是 14 億，也是益世的諧音。

　　林益世果然命中帶財，如果不貪污，一樣可
以大富大貴的過一生。

開獎			中獎					銷
101/7/4	**0**	**1** **4**	注數	444	0	512	563	2,0

林益世牌：小三發威
威力彩 8.5 億 七中七

　　101年7月19日，威力彩29槓，頭獎累積8.5
億，開出獎號是 14、23、25、26、30、31。
第二區 3。

　　這些數字，怎麼全是林益世牌呢？

　　數字密碼就是 3。小三密碼！

　　貴為國民黨立法院大黨鞭，立委落選後，馬
上被馬英九總統拔擢為行政院秘書長兼國民黨
副主席。

　　總誇口，全世界沒有幾個人，可以找到他的
林益世說行政院只有三顆印章有效。形容他自
己是行政院的第三號人物，連法務部長都是手
下，自認為隻手可以遮天的，他怎麼可能成為
階下囚。

　　命理、易理、數理，不得不信就這麼巧合，
林益世賊星該敗，敗在陳啟祥的小三手裡。一

切數字都是 3。

　檢舉人陳啟祥的保命錄音帶是他的小三偷錄音和跟林益世套話的。

　錄音中提到賄款分三筆付，三、三、二三。（3323）

　收賄金額 6300 萬，索賄金額 8300 萬。每一個數字都是和三有關。再看看七月十九日開的威力彩號碼，竟然全部也都是和三有關係。

　14：是林益世名字的諧音，標準的林益世牌，四減一是三。

　23：賄款分三次付，3323，23 也是標準的林益世牌。

　25：五減二是三。林益世在看守所監獄號碼是 2559。25 也是標準林益世牌。

　26：六除以二是三。

　30：三加零是三。三減零也是三。

　31：3 頭也是三。三加一是四。和數四，也是林益世牌，

　第二區 3 號，就是三。

把所有的數字拆解後，都和 3 有關係。

連林益世被押的監獄號碼 2559 的數字密碼
都是三。

2+5+5+9=21。

再將 21 的 2+1=3

不懂算牌的會以為我在亂拗，學過《易經》
的人會很清楚我的算法從何而來。

易繫辭上說：易有太極，是生兩儀，兩儀生
四象，四象生八卦，八卦定吉凶，吉凶生大業。

老子曰：「一生二，二生三，三生萬物。」

《易經》的先天八卦和後天八卦都是這樣來
的。唐朝太宗皇帝時的袁天罡和李淳風的「推
背圖」可以預知千百年後的一切，也是如此推
導出來。

總結一下，林益世一世英明，毀於陳啟祥小
3 手裡。他的政治生涯也終結在行政院第 3 把
座椅（院長、副院長、秘書長）的秘書長上。

收賄金額 6300 萬。

索賄金額 8300 萬。

賄款分 3 次付，3323。

林益世在 7 月 3 日，凌晨 0 時 23 分住進台北看守所，忠 3 舍。

監獄號碼是 2559，2+5+5+9=21。再將 21 的 2+1=3

威力彩 8.5 億的獎號，14、23、25、26、30、31。第二區 3。全部是 3 的相關數字。

太準了！林益世牌。

林益世 14 英名；毀於 小 3

威力彩

4-1=3

威力彩 土中土

14、 23、 25、 26、 30、 31

益世
4-1=3

3323
3-2=1

5-2=3
2559

6÷2=3

3-0=3

3+1=4
益
03

第二區

014、6300、3323 全開出

4-1=3

2559 ⇒ 2+5+5+9=21 ⇒ 2+1= 3

2012年7月19日 威力彩連摃29期 頭獎8.5億 開出林益世 小3 起單牌

期別	開獎日	兌獎截止日	銷售金額	獎金總額
101000058	101/07/19	101/10/19	322,374,900	939,672,482

獎號							
	第一區						第二區
開出順序	23	26	14	30	25	31	03
大小順序	14	23	25	26	30	31	03

獎金分配									
項目	頭獎	貳獎	參獎	肆獎	伍獎	陸獎	柒獎	捌獎	玖獎	普獎
中獎注數	0	1	24	192	971	6,953	13,717	77,351	95,752	178,112
單注獎金	0	22,251,067	150,000	20,000	4,000	800	400	200	100	100
累至次期獎金	852,191,614	0	0	0	0	0				

林益世牌（014）大樂透 5.3億 七中七

　　老天爺好像在作弄林益世般，或是在告誡世人，命中該有就是會有。若要用不法手段強求，縱使得到，也不會長久。

　　7月3日凌晨林益世被押入北所忠三舍。當天的大樂透就開出11、18、21、34、41、49，特別號47。其中11、21、34、41是1尾、4尾，正是林益世牌。

　　7月4日，公益彩券三星彩，正彩開出014。

　　7月6日，大樂透開出04、11、31的一、四尾數牌，三支林益世牌。

　　7月10日，大樂透開出31、41，一尾的兩支林益世牌。

　　7月19日，威力彩開出林益世剋星小三牌（六加一， 全中）。

7月20日的大樂透連七槓，頭獎累積5.3億。

開出獎號是 11、14、22、34、41、44，特別號 27。

這一看眼花撩亂，怎麼全部都是一尾、四尾的林益世 1、4 牌。

11、41 是一尾。

14、34、44 是四尾。

22，二加二是四。二乘以二，也是四。

六個大樂透號全部是益世牌。頭獎 5.3 億。

天啊！林益世牌真強！

天啊！特別號 27 都是林益世牌。因為 2 乘以 7 是 14，益世牌。

林益世牌 大樂透 七中七

奇蹟發生

7月20日的大樂透

2012. 7. 20. 5,3億

開出 **11**、14、22、34、41、44 竟又全是林益世牌。

11、41 　　是 1（益）尾。

14、34、44 　　是 4（世）尾。

22是 2+2=4 。　或 2*2=4。仍是 4（世）。

天啊！ 林益世牌真強

天啊！ 特別號 27 都是林益世牌。因為 2*7=14（益世）。

開獎 101/07/20	開出 順序	41	11	44	34	22	14	27
兌獎截止 (註5) 101/10/20	大小 順序	11	14	22	34	41	44	27

獎金總額	項目	頭獎	貳獎	參獎	肆獎	伍獎	陸獎	普獎
655,006,834	中獎 注數	0	5	148	307	7,087	9,663	124,119
	單注 獎金	0	2,863,579	96,742	25,910	4,265	1,000	400
	累至 次期 獎金	528,879,369	0	0	0	0		

「邪門」三星彩
開出卓伯仲牌 131

繼三星彩開出 014 的事件後，只要有官員被關，監獄號碼都會成為明牌。

102 年 1 月 12 日，星期六，彰化縣長卓伯源的胞弟卓伯仲涉弊收押，編號 131。

星期一（1 月 14 日），記者上門來求明牌新聞，當然是推薦超級時事牌；三星正彩 131。

我心想：「甘ㄟ阿呢？甘有可能？架咧嘟嘟好，邪門的，又一個林益世靈異事件嗎？不會吧！」

當天三星彩正彩出 131。

正彩中獎 611 注。組彩中獎 853 注。是平常的 25 倍以上。

嘿嘿，當期三星彩共銷售 307 萬，被中走 1225.5 萬元。是台彩公司少見的賠錢現象。

可見名人被關號碼已被鎖定成熱門下注明

牌，以後再有官員貪污被關的監獄號碼都是秒
殺封牌。

四星彩 9268
彩迷狂賺七千萬 非偶然

提到三星彩明牌，就一定會記得四星彩 9268 這組號碼創下台彩首度的慘賠紀錄。101 年 2 月 2 日，四星彩正彩台彩總銷售 561 注（14025 元），獎金支出是 7012.5 萬元，真是「猴腮雷」。（次高紀錄是 237 注）

一注 25 元，賠率 5000 倍，單注獎金 12 萬 5 千元，被中走 561 注，其中 556 注是在桃園龍潭的彩邑商行賣給同一人。

四星彩正彩的滿注是六百注（台彩售出 600 組後會停賣封牌），這位幸運的中獎人，只花了 13900 元中走 6950 萬。

是哪位神人如此精準下大注，吃了秤砣鐵了心，連保險（四星彩組彩）都沒買。

這神人養牌六年，是所謂「天行健，君子以自強不息」。

　　沒下滿注,分享機會給有緣幸運人,是所謂
「地勢坤,君子以厚德載物」。
　　德行配乾坤天地,中獎絕非偶然。

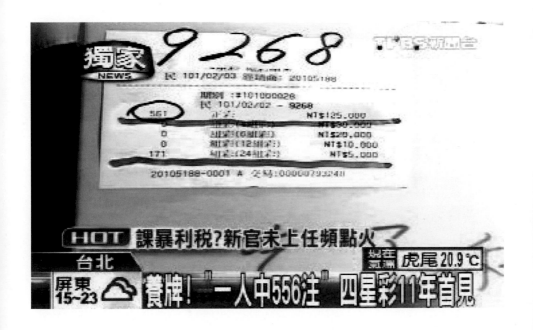

葉世文（145）牌：
23 槓威力彩十億 七中七

　　103 年 5 月 31 日，星期六，桃園縣副縣長，因 A7 合宜住宅涉貪，遭收押。

　　反正，這種震驚社會大快人心的矚目案件，就是會出牌。

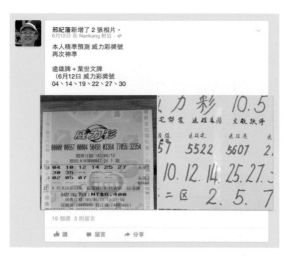

　　6 月 2 日，星期一，連 23 槓；頭獎上看十億的威力彩六個獎號，加上一個第二區威力球獎號，總共 7 個獎號，硬生生就是開出葉世文牌。

　　當其威力彩開

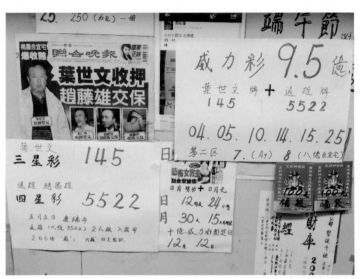

出獎號 07、11、14、20、31、34，第二區 7

07：葉世文因 A7 合宜住宅涉貪

11：葉世文 145（諧音），1 尾。

14：葉世文 145（諧音），4 尾。

20：葉世文 145（諧音），4 尾、5 尾。
（4×5=20）

31：葉世文 145（諧音），1 尾。

34：葉世文 145（諧音），4 尾。

第二區，7，葉世文因 A7 合宜住宅涉貪。

算明牌的精神
隨形理論 宇宙現象

　　什麼是隨形理論？

　　有句話說，娶老婆要看丈母娘，這就是隨形理論，隨形的事物充滿在我們生活周遭。

　　女兒長的像媽媽，這是先天遺傳加上後天學習，遺傳和學習都是隨行理論。

　　老婆和老公長的很像怎麼解釋呢？夫妻臉嗎？可以看到很多男女朋友交往前相貌神態並不太一樣，在正式交往同居一段時間後神情樣貌越來越像，這是因為感情好，口水吃的多。

　　如果發現情侶和夫妻倆相貌開始出現不合，可以推測他們有感情問題和婚姻危機了。

　　包括股票金融市場也有隨形理論現象，

　　股票市場常常看到類股齊揚的現象，一支接著一支往上帶，把這類股的股票日線、週線、月線，打開，線型相似度都很像。

台北的房子漲了，台中的房子漲了，桃園的房子漲了，連基隆郊區的房子也悄悄的漲了二倍，這當然也是隨形理論。

在期貨市場中，看到黃金走大多頭，白銀、鈀金也動了。金屬類往上走高後，帶動其他原物料的多頭排列，底部越墊越高，低點不再，也只有往上攻擊一條路了。

首見隨形理論是在《侏羅紀公園》書中提到。

很多人看了該書，只記得混沌理論和蝴蝶效應，並對線性函數和非線性函數的比喻和分析印象深刻。

我對書中提到的隨形理論論述非常驚訝，它瞬間解開了我智慧的枷鎖。

書中簡單提到，三千公尺崎峻的高山上，所長的每棵樹（針葉木）和山的外型都很像。山上的石頭也都會像高山一樣有稜有角。原來宇宙間萬物都可以用隨形理論解釋。

先天隨形 後天隨形

隨形理論是可以跨物種的隨形相聚。

物以類聚的英文是「Birds of a feather flock together」(同樣的鳥會一起飛)。

這是隨形理論的後天隨形。

我們和周遭的一切事物都是有緣和有相通性，才會一起出現在這個世界，是先天隨形。這是命，不是生命者自己可以決定。

生命者的族群、父母、環境，都是被造物者(佛、上帝、阿拉，或稱呼祂隨形大帝)挑選、篩選後放到這個婆娑世界。或許可說，每一個生命是隨累世累劫的機緣來到這個婆娑世界，繼續修行、報仇、還債……

生命誕生後，會隨物種不同而類聚；會以優勝劣敗之分而類聚；會以貧富貴賤之分而類聚，物以類聚是後天隨形，生命者可以改變命運，不是一成不變。

　　佛家的說法是，修的好可以到阿彌陀佛世界，修不好再入輪迴，更差者要入地獄。

　　《易經》分先天八卦（伏羲八卦）和後天八卦（文王八卦），道理一樣。

萬物隨形 樂透彩的號碼 當然也會隨形

　　中國人講一方土地養一方人。西藏高原上才有的紅景天，專治高原症候群。

　　毒蛇出沒的地方，旁邊會有解毒的植物。

　　火山爆發後，所長出來的植物、出現的動物都是火山環境特有的生物，從哪裡來的卻追查不到，反正就是會一起出現。

　　宜蘭龜山島有一種螃蟹活在海底溫泉旁，水溫九十幾度，換成別物種螃蟹，早就煮熟了。可以跨物種的隨形，我解釋成先天隨形。

　　先天可以隨形，後天也要隨形。

　　高山有靈，樹木、土石、飛禽、走獸都隨其形。

　　萬物隨形，樂透彩的號碼當然也會隨形。

金剛經的智慧
佛學是高明的哲學

　　教科書告訴我們，物質組成的最小元素是原子，原子內還有質子、中子、電子。

　　把化學元素依原子核內的質子數，出現的規律排列後，成了化學週期表。

　　哇，原來科學家告訴我們，每一個物質的電子可以交換，跑來跑去，這個叫作氧化還原反應。

　　但科學家沒有能力把原子內的中子質子單獨抓一個出來，那原子核內的聚和力太強。所以科學家發明加速器把高速中的質子或中子對撞，產生更微小粒子研究後，很多科學家因此得到諾貝爾物理獎。

　　這實在是很糟糕的一件事，把很多星球（它世界）加速去對撞、亂撞一堆，對那上面的生靈而言真是一場浩劫。

釋迦牟尼佛在還沒有化學周期表時就講，微塵中還有微塵；佛觀一杯水八萬四千蟲。

佛經中表智慧的《金剛經》一再提起，如恒河中所有沙數，如是沙等恒河

（大還有更大）地球，太陽系，宇宙的外面，我們所處的婆娑世界，只是它世界的一個原子或質子，世界外面還有世界，宇宙外面還有宇宙。

（小還有更小）一個質子要看成一婆娑世界，婆娑世界內有無數個婆娑世界；無數眾生。

微塵中還有微塵，微塵中有無數個婆娑世界。微塵中有宇宙，宇宙中還有宇宙。

佛學是高明的哲學，哲學非哲學，只是名為哲學。

《易經》「用易」 妙無窮啊妙無窮

　　《易經》，易就是太陽和月亮，《易經》在中國傳了幾千年，

　　一名含三義：簡易，變易，不易。

　　簡易：簡單。太陽下山，月亮就會爬起來，好簡單。

　　變易：變動。太陽下山，月亮就會爬起來，隨時在變

　　不易：不變。太陽下山，月亮就會爬起來，是不會改變的。

　　《易經》在告訴我們，地球上的道理好簡單，隨時在變，是不會改變的。

　　太陽和月亮，一直存在。

　　太陽和月亮的道理；《易經》，流傳亙古不被推翻的書，才能稱為經。

　　用「易」；可以卜吉凶禍福；可以趨吉避凶；可以知天命，順天命不逆天而行。

懂的人很多，妙用無窮！「無窮」啊！

中國的醫學、曆數，是所謂：五運更始，上應天朝，陰陽反復，寒暑迎隨，真邪相簿，內外分離，六經波蕩，五氣傾移。

這都是告訴我們，一切都有道理的，你覺得沒道理的，是你不會，不代表別人怪力亂神。

純化現象
是彩券煉金的王道

　　大數法則是在一大段時間內，所產生的統計結果，常常有人拿「大數法則」告訴我怎樣做生意、算明牌，我都以為那個人頭殼壞掉；

　　也常常有人告訴我，算明牌是不科學的，因為一切都是亂數，有人認為彩券不會有明牌，誤打誤中是巧合，瞎貓碰到死耗子純屬運氣，每件事永遠有人有不同看法。

　　算明牌是算當天或最近會開什麼數字號碼，大數法則太遙遠，不切實際。

　　純化現象是短暫集中，拿來算牌實用準確度高，是彩券煉金術中的王道。

　　什麼是純化現象呢？

　　同性質的東西聚合以後，內聚力很強，二氧化矽聚合成玻璃杯後，可以裝熱水 可以放強酸強鹼的東西不被影響。

　　幫美容師上精油課時，常常舉一個例子說明

純化現象，

　去問賣農藥的最毒的農藥是什麼？

　有一種叫「巴拉松」超級毒，不小心喝到，穩死的，不小心喝下100%純度的巴拉松，和5%稀釋後的巴拉松，那一種比較快死。

　幾乎全部的人都認為，100%的巴拉松農藥一喝見效，死得快。

　實際上，並不是如此。

　這個超級毒的巴拉松農藥，因為很毒，所以很有個性，內聚力超強。（這就是純化現象）。

　喝下100%純度的巴拉松，只要馬上送醫院急救，不可以催吐，不會碼上就死，因為人的胃腸吸收不了那麼有個性的純化物質。

　如果巴拉松農藥經過稀釋到5%濃渡，喝下去也不用送醫院了。

　因為低濃度的巴拉松農藥沒什麼個性，喝了以後容易被腸胃壁吸收，五臟六腑立即潰爛，華陀再世、裝葉克膜都救不回。

　精油在使用時，也是一樣的道理。

　　要微量加在按摩的基礎油裡，才會被皮膚吸收。

　　濃度 100％的純精油拿來按摩皮膚是浪費錢又沒有功效的，可能酸鹼度太強，反而更會傷害皮膚。

勒沙特列原理
一擊不中 就要等待

　　有純化現象（內聚力）就有擴散現象，擴散
現象就是勒沙特列原理，

　　把很濃郁的香水倒在容器中，放在教室角
落，上課五十分鐘後下課時，全部都聞到香水
味，這是國中的化學實驗課

　　水往低處流（位能），高電壓流向低電壓。
冰塊是固體，室溫放十分鐘後變成水，再放兩
天，水也不見了，全部揮發不見。這些都是勒
沙特列原理。

　　純化現象、擴散現象，都是大自然現象的一
環。

　　樂透獎號被純化現象影響是短暫的，勒沙特
列原理告訴我們；短暫的「獎號被集中」現象，
很快會高濃度流向低濃度，而掌握不易。

　　彩券鍊金術是一擊就要中的致富方法，一擊

不中，等待下一次「獎號被集中」時再下手。把技術練好，隨時有發財的機會。

所以樂透開的牌會過度集中或反覆一直出現，這是純化現象。

若統計一百年樂透開出號碼，肯定每個號碼出現機率一樣，這種大數法則，對買樂透的人是沒有意義的。

算牌的精神是中獎贏錢，找出規律性，算出當天的明牌才是彩券煉金術。

有人一直強調大數法則是見林不見樹的想法，沒有獨立的樹木，怎麼形成樹林呢？沒有每期的開獎號碼，又怎樣統計一百年呢？樹林內的樹，就像樂透彩的「數字」，同一個樹林的樹木，長得都還真像，這又要講到隨形理論中的 α 定律或稱為白努力定律。

α 定律 白努力定律
把明牌吸出來

　　第一次聽到 α 定律是在中油的油輪上，聽七十歲的老船長提到。

　　陽明海運的二艘貨櫃船同時要進高雄港，二艘船上的舵工水手曾經在同一條船上共事過。

　　貨櫃船的規則是船長管航行，大副管貨（裝、貨）。

　　船要進港，領港上船後，船上駕駛台基本上都會服從領港指揮，舵工掌舵。

　　船長可以說是在一邊納涼，那二條船的舵工，很久不見，八卦事情特別多，把無線電頻道調到一樣，聊開了。

　　因為二艘船距離有些遠，進港的航線清楚又安全，二個人偷偷轉舵，讓二條船接近一些，這樣的收話品質較好，聽得清楚些。

　　高雄港是很優良的貨櫃碼頭，航道沒有什麼

障礙物，領港下令維持方向速度後，就是等待到了一個轉折點後，才會再有動作。

這二個舵工水手，越聊越興奮，船越開越近，一直叫對方把船再開近一點，近似戲謔。結果二條船明明平行在航道上，突然船尾 KISS，撞船了。

我聽到這個真實笑話，直覺叫出來怎麼可能？這只會發生在火車站或捷運站上。

快速奔馳而過的火車，會把站在月台上旅客的帽子吸走。旅客離月台邊太近，很危險，可能被吸下月台。

這二條船是 5000 個 TU（20 呎櫃）的大船，比航空母艦大的船怎麼可能吸得動。

我的船長告訴我，這叫做 α 定律。

我同學告訴我，α 定律他沒聽過。不過他知道這個是國中物理課本中的白努力定律。並解釋：帽子不是被火車吸走，正確的說法是，急駛的火車帶走空氣，火車和旅客之間的氣壓變

低，旅客後面仍是一個大氣壓力，所以帽子可以說是被後面的空氣壓力推下去的。

　　不管是推的還是吸的，二條幾十萬噸的船都可以被吸在一起，那樂透的號碼當然也被吸出來，只要力量夠大。

十方三世佛 阿彌陀第一

十萬億佛土，其國眾生，無有眾苦，但受諸樂，故名極樂……

在我誦讀《般若波羅蜜金剛經》、《地藏王菩薩本願經》多年期間，多有聞聽《佛說阿彌陀經》。

佛法深妙，以經證經；但對剛入門者，通常講求一門深入，一經通，百經通。

我也常常朗朗上口：「十方三世佛，阿彌陀第一。」

為什麼第一？因為釋迦牟尼佛說：「眾生聞者，應當發願，願生彼國，所以者何，得與如是諸上善人俱會一處，舍利佛，不可以少善根福德因緣，得生彼國。」

直到我悟通隨形理論後，真悟得；十方三世佛，阿彌陀第一的道理。

隨形理論只是名為隨形理論；其實只是宇宙現象罷了，不是什麼高深學問。

先天混元，後天胎元，先天無形，後天有形；
先天為性，後天為命，性命兩全，得成人道。

每個人是經過篩選，才來到這個世界。經過
什麼篩選呢？就是累世累劫的因果造業，來還
債、來報恩，當然更有菩薩乘願而來，度化與
菩薩有緣眾生。

人死後，又該何處而去呢？

當是依據這一生為人的表現，決定往生佛淨
土或再入輪迴，更甚者入地獄受苦。

為什麼，十方三世佛，阿彌陀第一？

（一）極樂國土，眾生生者，皆是阿鞞跋致，
其中多有一生補處……

（二）其土眾生，常以清淡，各以衣裓，供
養他方十萬億佛……

（三）其土眾生，聞是音已，皆悉念佛、念
法、念僧……

（四）聞是音者，自然皆生念佛、念法、念
僧之心……

（五）　彼佛壽命，及其人民，無量無邊阿僧祇劫，故名阿彌陀。

能去極樂世界的往生者，都是作好準備、有做功課（讀誦經書）、行善積德有福報者。這個篩選，就跟人，當初來到這個世界一樣，隨形而來，隨形而去。

到了阿彌陀世界，無三惡道，無處造業；其土眾生，常以清淡，各以衣祴，供養他方十萬億佛，皆生念佛、念法、念僧之心，皆悉念佛、念法、念僧，彼佛壽命，及其人民，無量無邊阿僧祇劫。

阿彌陀世界的人民有無量無邊阿僧祇劫的時間，無惡念、惡業，一心供養他方十萬億佛，念佛、念法、念僧，當然可以一生補處，成就正等正覺。

如此殊勝，阿彌陀佛極樂世界，當然第一。

這是我從隨形理論，悟來的。

運動彩券 讓分盤
必勝之術 《易經》爻卦

《易經》爻卦測球賽賭盤輸贏（不是球賽輸贏）

在此先說明贏錢不等於贏球，贏球也不等同於贏錢。《易經》爻卦是測賭盤輸贏不是球賽輸贏。

在運動彩券賭盤中，會有讓分盤和 PK 盤。

賭盤莊家要賺的是兩邊平均下注的水錢（佣金），不是跟賭客對賭。所以，聘請專家用電腦計算出，強弱隊的一切天時、地利、人和的實力差距，開出讓分盤、大小分盤。

每每神準預測，讓賭徒嘆為觀止，這就是有肉的地方了。

專家和電腦已經做出最公平正確的預測，基本上，下注哪一邊的勝率都是 50%；50%。

《易經》爻卦可以預測到專家和電腦測不到的乾、兌、離、震、巽、坎、艮、坤。

《易經》是預測未來的經書。用易可以趨吉避凶，可以預測未來人、事、物的興衰。

測吉、測凶、測風、測水，還可以測球賽輸贏，當然也可以彩券煉金。

發明電腦中文倉頡輸入法的朱邦復先生，在所著《易經探微》的卦例，以 1994 年世界盃足球賽占測五十二例，測中 49 卦，準確率為 95%。（可以 google 搜尋朱邦復世界盃）。

足球賽可以測輸贏，籃球、棒球當然比照辦理。唯朱邦復先生的意思，並不是爻卦可以測出客隊或主隊，誰能勝出。而是測主客隊之衰旺。

若雙方實力懸殊，強者恆強。（如美國夢幻籃球隊為例，其爆冷門之機會極低，應能未卜先知）。

若主客雙方勢均力敵，只是有主觀的強弱

隊，在占卜後，爻合本吉，雙方對敵，合則不
利。意為勝者不勝，故應判弱者勝。（下注讓
盤，受讓的一方）

這一點，用在球賽賭盤就太貼切了。

所以，我才會將這一節叫做「《易經》爻卦
測球賽賭盤輸贏」，而不叫作「《易經》爻卦
測球賽輸贏」。

運動彩券彩迷最懊惱的就是「贏球輸錢」，
中分洞。（下注的強隊贏的不夠讓分的部分，
造成贏了球賽，卻輸了錢）。

相信很多人看了這個章節後，就要開始學
《易經》了。

或有人心存疑惑，《易經》真可以預測球賽
輸贏，這世間還有窮人嗎？朱邦復先生不就是
全球首富了？

我今天知道、證道公開脫貧致富大法，更見
證世間有人不要金銀、錢財、富貴、名祿，朱
邦復先生就是一人，豈止一人，千千萬萬無數

人。

　阿羅漢慈悲，離地三尺而行。

　「誰看過阿羅漢？真有阿羅漢，當奧運金牌莫屬！」凡夫俗人，定做是念。

　我告訴大家：「人間真有阿羅漢，有無數阿羅漢。」

運動彩券必勝之術
高賠率漏洞

運動彩券確實有必勝之術，唯「財不露白」。

在我鑽研「運彩必勝術」且印證後，張揚的在網路分享，馬上被運彩公司補破網修正兼修理我。

各位看倌不要以為我輸了錢，而是被「莊家」（彩券公司）改了賠率，賠率降低，風險大增，只能見好收。

103 年的 MLB 球賽中，我發現一個現象，每天的比賽中，會有兩場到四場的 7+（勝方贏 7 分以上）。

以每天十五場賽事為例，下注主、客雙方都勝 7 分以上，共可下注三十個球隊。

彩券公司的賠率通常是 20 到 30 倍。

每隊下注一千元，共花三萬元。

若當天有兩場賽事，打到 7+，就穩賺不賠。

尤其當美國星期六、日，7+ 的場次會多到四場。

我個人的猜測是，MLB 為了吸引球迷花錢進場看球，球隊和聯盟做了公平又努力的調整。

如果一天的賽事下來，7＋的場次只有一場或沒有，造成輸錢。

第二天的注碼，就要加倍。

理論上，第二天再輸，第三天就要再加倍。

事實上，我在第二天的下注就可以大獲全勝，沒有加碼到第三天過。

球迷花大錢進場，並不想看到低比分的枯燥比賽。聯盟要生存，就要用科學方法增加比賽的精采程度。

例如：

（一）2014 年的世界盃足球賽，就改用較穩定的新式足球，易於進球。

（二）美國大聯盟 MLB，為了應付每年愈益可怕的打擊怪獸，逐年將投手丘高度往上增加。

（三）日本三一一地震後，日本職棒外籍球員返國避難者多，造成投手慌。聯盟為了保護投手，放大好球帶。造成那一段時間，一天六場的比賽，幾乎每一場都是小分。串關六乘一，贏的笑嘻嘻。

（四）台灣職棒在受到假球風暴時，也造成沒有投手可用的窘境。聯盟也決定放寬好球帶，結果，造成比賽超級難看。大爛球也判三振，更增添假球色彩，很快的也恢復正常好球帶。

只要用心發掘，運彩必勝術多如過江之鯽，唯不該大嘴巴，得了便宜還賣乖。

我在賺了MLB的7+大錢後，在臉書和網路上大肆宣揚這個好方法，要彩迷一起吃肉喝湯。

沒有幾天，運彩公司就把7+的賠率往下調到18倍以下。

很多跟著我賺大錢的彩迷都抱怨連連，怪我不該上網公告「彩券鍊金術」，有錢要「恬恬」賺，哪有人大張旗鼓得喊賺大錢了。

除非這套法則是假的、是錯誤的，否則彩券公司一定會補破網的。

二〇一四年
世界盃足球賽過關
3200 倍 大公開

　　2014 年的世界盃足球賽，我的好朋友足球先生，用 200 元中了新台幣 640000 元，這當然不是僥倖。（共投注 400 元，中獎 800000 元）

　　這套獲利 3200 倍的方法要繼續在下一次世界盃使用。

　　很多人吃香、喝辣、買房、換車，指望靠世

界盃了。

　　所以先不公開計算、運算方式，以免運彩公司又有反制之道。

　　我會在世界盃開踢前，和我的朋友、讀者都上車買完彩券後公開或選擇繼續不公開。

　　為了繼續煉金發財，不能在書上詳細說明。

　　有興趣的讀者，可以利用臉書交流心得。

邢紀藩新增了 2 張相片。
7月3日 在 Nankang 附近 ·

瘋世足；瘋什麼？
就是有人下注400元，中了
800000元。
（本店賣出，恭喜 恭喜）

22 個讚　4 則留言

👍 讚　　💬 留言　　➡ 分享

Bingo Bingo 解牌分析

　　賓果遊戲使投注站成為社區生活不可缺的一環。

　　每注 25 元，機會無窮大，五分鐘開獎一次，可能就會中五百萬元大獎。

　　很多彩迷要等最後五秒才下注，怕電腦知道他要下什麼牌，故意不給他中。

　　其實，開獎和兌獎是兩個不同的獨立系統。

　　開獎系統所開出來的獎號是電腦隨機亂數。

　　當期下注時間截止，開出獎號後，兌獎系統才能兌獎。

　　開獎系統的隨機亂數，到底有多亂，是符合人性可以猜測到的亂數，或者是較難被猜測到的亂數？

　　我觀察很久，真的有人天天中獎五星或六星，每天花不到一千元，中獎好幾萬。

　　這些老手觀察前幾期的獎號，作出對稱位置獎號的預測，用 25 元買五星、六星，就算沒

有賓果，也會中二、三個數字號碼。

如果，連這些老手得獎號都完全沒有猜中半個，那就是當期的隨機亂數很亂。

有人用熱門號碼下去買，很少會空手而歸。

我曾經看過賓果有三次 20 個號碼全部連莊。

賓果遊戲每次由 80 個號碼開出 20 個獎號，20 個號碼全部連莊，簡直就是大出血送錢來的。所以，很多玩家都會參考或鎖定連莊牌當下注號碼。

每天 Bingo Bingo 遊戲開出大小次數，大概是 40 次。所以，有特定賓果族，很有耐性的等到晚上十點過後，計算出大小次數合計開出次數過低，就會開始下大注，通常很有斬獲。

五星六星較容易抓牌，易中。

我看客人自己選號，九中九，25 元一注賓果，中獎 1000000 元，真係神人的厲害。

邢紀藩新增了 4 張相片。
2013年12月15日 在 Nankang 附近 ·

開大獎 火烤大豬公
請大家吃
台北市松山路322號
02-27530880

25 個讚　3 則留言

👍 讚　　💬 留言　　➤ 分享

刮刮樂 治療憂鬱的 全民運動

人棄我要，富貴險中求是刮刮樂中大獎的最佳法門。

每一本刮刮樂通常會有兩個以上的大獎。

有人喜歡刮剛拆封的刮刮樂，認為大獎一定還在，不刮出來，誓不為人。

我看過很多次，被刮剩下的幾張，像醜小鴨被擺在最搶眼的地方，拜託大家把它們買走，偏偏沒人愛撿剩下的，於是躺在櫥窗裡好幾天。

這幾張，每一張都是大獎，100 元的刮刮樂中 1000 元。500 元的刮刮樂中 5000 元。

我觀察到刮刮樂這個商品是最好的療傷聖品，尤其醫治憂鬱症和信心不足。

見到一名媽媽要她的小孩挑一張 300 元的刮刮樂，小孩不敢出手，怕輸。

　　軟弱的媽媽用著陽剛的語氣，命令小孩一定要挑一張，不要怕。

　　怯懦沒有自信的小孩伸出小手指比了比，又退縮回去。他娘掏出 300 大元，意氣風發地拍放在櫃檯上，要他：「你刮，馬上刮，現在就刮。」

　　小孩龜縮無膽很怕做錯事的輕輕刮開彩券，結果那張彩券全壘打，中了 15000 元。

　　那母親含著眼淚告訴她兒子：「你可以的，我告訴過你，你可以的。」

　　很明顯的，小孩綻放難得的微笑，生命力看起來強韌了些。

　　刮刮樂的迷人之處就在於多刮幾張，一定會中獎。這張不中，代表下一張的中獎機率提高了。

　　這張中了，代表鴻運當頭，再刮一張幸運連連。真得有人連中七張（不是中獎率百分之百的刮刮樂），我見過。

被老闆罵要刮、跟同事吵架要刮、男女朋友約會要刮、全家聚餐吃飯要刮、老奶奶 80 歲生日要刮、運氣不好要刮、運氣好更要刮、過年要刮，反正就是要刮，刮刮樂已經成為全民運動。

過年期間熱賣的二千元超大張刮刮樂是有多少賣光多少，總被搶購一空。

甲午年春節，一行六個人指名要買二千元的刮刮樂，唯獨其中一個奇女子連聲驚呼：「你們瘋了、你們瘋了，不要啦！ 2000 元呀！你們瘋了。」

他們大概是公司同事，沒人理她，一人一張，過年就要有過年的樣子。

這位奇女子看大家都花 2000 元刮一張刮刮樂，她說：「好吧！我也來一張」

相信嗎？其他五個人中有三人中 2000 元獎項，兩個中 1000 元，偏偏那奇女子中了 10 萬元大獎。

　　我還特地徵得她同意，把她和中獎 10 萬元的刮刮樂拍下來。

　　2000 元的刮刮樂；頭獎 2600 萬元，二獎 100 萬元，有 300 個。

　　一對年輕人拿著一疊鈔票，10 萬元，來向財神爺還願，他們中了 100 萬元，藏不住興奮地燒香默禱。

　　一個中年男子過年刮 1000 元的刮刮樂，連續五張都是買連號的，最大獎才 500 元，其他四張摃龜，這真是很少見。

　　他決定放手，旁邊虎視眈眈的刮刮樂老手馬

上出聲，等他正式放棄就要買連號的上下兩
張。

　我轉頭告訴中年男，很可惜耶！ 每本 1000
元的刮刮樂有 25 張，沒中的都被你刮走了，
其他的，可能都有中獎。

　那中年男考慮了一下，忍痛拿出兩張千元大
鈔，說：「我要了，買那連號的上下兩張。」

　第一張刮中 8000 元，那男的欣喜若狂，說
這一年一定否極泰來，心想事成。另一張他為
刮的刮刮樂就退回，他不刮了。

　那位刮刮樂老手看到已經刮出 8000 元大獎，
自然也不刮那張被退回的刮刮樂。

　擠滿人群的櫃台前面，一個爸爸帶著讀小學
的小孩，那小孩要買那一張被退回來的刮刮
樂。他爸爸全程目睹剛才的經過，也不以為意，
就順著小孩的決定買了那一張。

　那一張刮刮樂，中獎五萬元。他爸爸直說：
「小孩帶財。」

小孩爸爸說：「那麼，五萬元那張刮刮樂旁邊連號那一張也買好了，順便啦！」

結果，又中了 10000 元。

自稱否極泰來的中年男子在旁邊看到吐血，直說：「早知道，先刮另外一張，可以中 5 萬元。」

刮刮樂就是有這種不確定性在吸引人，沒有刮開前，每一張都有可能中頭獎。

刮刮樂也就是有另外一種確定性，當沒中獎的被刮掉，其他的刮刮樂，中獎率馬上提高倍增。

春節大紅包（大樂透加碼 100 個 100 萬）

散彈槍式買法 對上 炸彈開花式買法

每期都買大樂透的彩迷，過年有春節大紅包，加碼 100 個 100 萬，更要多買幾張。

平常不買彩券的人，過年也都要買上幾張，沾沾喜氣。這是大樂透中獎機率最高的時候。

會算牌的彩迷，過年期間，把《易經》、八字、生日、手機號碼，十八般武藝全部拿出來用。

不算牌的人用電腦選號買完彩券到財神爺前面，祈福過爐。

平日，大樂透頭獎只有一個。過年加碼大紅包，頭獎有 101 個。各式買法紛紛出籠。

（一）散彈槍式的買法：

把春節加碼大紅包的大樂透買很多張電腦選

號和自己精心挑選的號碼，用散彈槍式的買法。這種買法；對獎可以對的很爽。100 組 100 萬的開獎號碼，自己手上又是滿把大樂透彩券，對得不亦樂乎，真的很有過年的 FU。

（二）炸彈開花式的買法：

用投注機電腦系統（系統八、系統九、系統十）選號或自己選號；八連碰、九連碰、十連碰。

系統八或八連碰；一組 1400 元。

系統九或九連碰；一組 4200 元。

系統十或十連碰；一組 10500 元。

炸彈開花式的買法可厲害了，在春節期間，大樂透期期加碼，又有 100 組 100 萬，最適合這種買法。用一堆數字去轟炸頭獎，命中率高，不中頭獎，炸到二、三、四、五、六獎，排列組合後的中獎注數超級多，有時幾乎全部中獎，去銀行兌獎領錢會嚇一跳，哪來獎金這麼高。

中了大獎；沒有中獎，都沒關係。還可以繼續轟炸 100 組 100 萬的大紅包。

純化現象告訴我們，時機牌的明牌會集中。

勒沙特列原理也告訴我們，樂透明牌會分散。

春節加碼大紅包的大樂透，適用勒沙特列原理，用炸彈開花式的買法。有 100 組號碼可以對獎，擴散原理會使我們產生即將中獎的感覺，100 組號碼會分布均勻，這組沒中，下幾組肯定就要中了。

我親身經驗，用炸彈開花式的買法，每年都差一個號碼就中春節大紅包 100 萬，雖然沒中 100 萬，那個轟炸快感，真是享受。

當然，我知道不管任何買法，只要買的金額一樣，中獎機率是一樣的。

不會說，炸彈開花式的買法就比散彈槍式的買法，中大獎機率就會高。

但是，整個的購買和對獎過程，炸彈開花式的買法真是教人享受。

賭場必殺技
國際賭場面面觀

這裡的賭場，指的是觀光賭場。

必殺技，指的是賭場必殺賭客的技巧，不是賭客殺賭場。

孫子兵法云：「知己不知彼，百戰五十勝；知己知彼，百戰百勝。」跑船四年生涯，只要船靠岸有賭場，我是一定下船觀摩。

巴拿馬賭場

巴拿馬的賭場氣氛太 High，很難控制自己，賭的時間一久，結局就是輸光。

漢堡賭場

德國漢堡的賭場規模太小，賭得順的時候，把賭注放大，所有人目光會集中到一人身上，馬上疑神疑鬼，賭得有壓力，不如不賭。

可倫坡的賭場

斯里蘭卡的首都可倫坡的賭場沒有奇門遁甲，小注怡人，大注由天。是一個公平可以贏錢的好賭場，唯戒之在色。

我曾經和一個台灣遠洋漁船的船長一起去豪賭，這船長一路順風順水地贏了滿抬面的美金籌碼。

所謂「人逢喜事，精神爽」，船長就吃起黑人女荷官的豆腐，當場邀約身材與五官均屬普通的她 Tiki Tiki（國際語言，指性交易）。我當場傻眼！跑遍全世界，還不知道荷官還可以 Tiki Tiki？

這位船長當天輸了美金 25 萬，由勝轉敗。

韓國賭場

韓國的賭場與風化場所一樣，瞧不起台灣人，賭了還受氣，千萬別去賭。

拉斯維加斯的賭場

　　拉斯維加斯的賭場是美式作風，節奏太快，賭客少有機會破壞節奏，賭場主導賭局，輸贏點到為止是上策，不宜久攻。

澳門威尼斯人酒店

　　澳門離相信風水的香港太近，大型賭場全部設風水局，一入柵欄就是困獸之鬥，非死即傷。威尼斯人酒店落成時，我前往朝聖，驚呼真是風水奇局，無處可逃。

　　威尼斯人酒店四面環水，每一個入口都一定要上階梯過橋。過了奈何橋，走一段小路，又是得爬階梯。不斷地爬階梯，就好像不斷地向賭場中心朝拜行彎腰鞠躬禮，氣勢未賭先輸。直到抵達賭場後，才有電梯（看起來像斷頭台）可以搭乘，這一路盡皆風水布陣。

　　所謂「有法必有破」，該風水大局捕捉大款，殺無赦。很多強國豪客一擲千金，面不改色，

最終當然是鎩羽而歸。卻是我們的一盞明燈！

　　沒錯！使自己不要成為獵物，是必勝秘法。

　　放棄自己的所有想法，他押莊，你就押閒。他押大，你就押小。

　　賭場不可能大小通吃，吃大就得賠小。

　　或許你自己賭運沒有很好，卻有比自己更背的當墊底，是死裡逃生的策略。

麗晶郵輪

　　麗晶郵輪在上船時，一路坎坷，前途怎麼會光明？船到公海，娛樂廳（賭場）開放，人在鐵殼船內，就是一個囚字，賭場每一個入口，都有左右金獅坐鎮，往哪裡逃？

　　但是，有法必有破。

　　我曾經在 300 港幣的百家樂賭檯連續拉了三條長龍。遇到龍斷掉，也都買保險，逃過一劫。

　　整個賭桌圍滿人群，等我下注、跟注、開牌，所有人叫我「財神爺」。

當我要去上廁所時，賭檯封桌，等我上完廁所回來後，才繼續開賭。

一副百家樂賭了五個小時，聞所未聞，三百底竟然贏了 15 萬元港幣。

最後斷掉，是我去上廁所時，一個女賭客堅持開牌，荷官大喜，破壞了由賭客主導的氣氛和節奏。

那名女賭客被罵得半死，卻堅持不為自己的錯道歉。

所以，要戰勝麗晶郵輪的不二法門就是「眾志成城」，團結力量才大。

蔣渭水先生名言：同胞要團結，團結真有力。

「一人被困是囚，眾口一致是合，眾人團結是國。」否則，船在公海，所有賭客的命都在船公司手裡，是弱勢中的弱勢。若眾人團結，誰怕誰，烏龜怕鐵錘。集絲成弦，可以改變乾坤。當然，尚有其他破解之法，不宜在此大張旗鼓張揚，以免賭場防範反制，會破壞了很多以此謀生朋友的生計。

　　然而，我也目睹，麗晶郵輪空出整個航次不載客，滿船的法師數千人，三天全船吃素，舉辦水懺大法會，為海上冤魂孤鬼超渡。

　　個人運勢再強，也強不過賭船公司大手筆的行善功德。

佬沃賭場

　　菲律賓佬沃賭場很好贏錢，贏了錢不一定可以換成美金，帶著一皮箱的披索回台灣也是傷腦筋，更怕在路上被搶，歹徒順便把你給宰了。輸了倒楣，贏了不開心。

　　很奇怪，越是不可以換美金的賭場越好贏錢。同一個地區，可以換美金的場子，就很難贏錢。

　　為什麼？

　　留點空間，給大家想像。

彩券煉金術

利用隨形理論提高彩券中獎機率，由貧到貴，改變人生！

作　　者／邢紀藩
美術設計／Chris'office
企畫選書人／賈俊國

總 編 輯／賈俊國
副總編輯／蘇士尹
行銷企畫／張莉榮、廖可筠

發 行 人／何飛鵬

法律顧問／台英國際商務法律事務所 羅明通律師
出　　版／布克文化出版事業部
　　　　　台北市民生東路二段141號8樓
　　　　　電話：02-2500-7008
　　　　　傳真：02-2502-7676
　　　　　Email：sbooker.service@cite.com.tw
發　　行／英屬蓋曼群島商家庭傳媒股份有限公司城邦分公司
　　　　　台北市中山區民生東路二段141號2樓
　　　　　書虫客服服務專線：02-25007718；25007719
　　　　　24小時傳真專線：02-25001990；25001991
　　　　　劃撥帳號：19863813；戶名：書虫股份有限公司
　　　　　讀者服務信箱：service@readingclub.com.tw
香港發行所／城邦（香港）出版集團有限公司
　　　　　香港灣仔駱克道193號東超商業中心1樓
　　　　　電話：+86-2508-6231　　傳真：+86-2578-9337
　　　　　Email：hkcite@biznetvigator.com
馬新發行所／城邦（馬新）出版集團 Cité (M) Sdn.
　　　　　Bhd.41, Jalan Radin Anum, Bandar Baru Sri Peta
　　　　　ling, 57000 Kuala Lumpur, Malaysia
　　　　　電話：+603- 9057-8822　　傳真：+603- 9057-6622
　　　　　Email：cite@cite.com.my
印　　刷／巨龍國際有限公司
初　　版／2015年（民104）01月
售　　價／250元

城邦讀書花園　布克文化
www.cite.com.tw　WWW.SBOOKER.COM.TW

筆記欄

筆記欄

筆記欄

筆記欄

筆記欄

筆記欄

筆記欄

筆記欄

筆記欄

筆記欄